Fabio Polosa

Torino as seen from the sky

TORINO
VISTA DAL CIELO

Volume I

Tutti i voli fotografici in elicottero sono stati effettuati con Avionord Srl - Milano

AVIONORD

Per informazioni ed approfondimenti:
www.fabiopolosa.com - info@fabiopolosa.com

Le sessioni fotografiche hanno avuto luogo tra mesi di Ottobre 2014 e Giugno 2020

Hanno collaborato

Testi introduttivi: Stefano Ferri
Coordinamento: Elisabetta Rocco
Impaginazione: Michele Torielli
Revisione: Mariapaola Alparone
Voli in elicottero: Avionord Srl
Voli in aereo: Mach 014 - Comandate Claudio Castagna

Un grazie particolare a Davide Fabrianesi

L'editore ringrazia: Edizioni Fag, nelle persone di Irene Piacentini, Roberto Bonaguro, Giuliano Bianchi e Massimo Rossi

Corso Asti 340
14047 - Mombercelli (AT)
info@workitoutsrl.com

Finito di stampare nel mese di Settembre 2020
Stampato in Italia

ISBN: 978-88-85703-97-1

A Mamma Gabriella e Papà Donato

Prefazione

Torino è tra le città italiane che più hanno saputo trasformarsi negli ultimi decenni. Dalla "factory town" del XX secolo a un centro moderno, con una vocazione alla ricerca, all'università, alla tecnologia e alla cultura.
Sorvolando la città si nota subito come questi cambiamenti si riverberino sul contesto urbano, restituendo alle piazze del centro storico la loro dignità di luoghi d'arte e illuminando tanta altra parte degli spazi cittadini con innovazioni rutilanti e avveniristiche.

La follia che si nasconde dietro a questo progetto, diviso in tre libri, Torino, Milano e Genova, nasce ancora prima della pubblicazione del mio primo libro "La provincia di Alessandria vista dal cielo" pubblicato nel 2011.
Allora avevo pubblicato tre libri di fotografia aerea e dopo l'uscita di "Vigne in volo" decisi che era il momento giusto per concretizzare questa sfida, a detta di molti impossibile, sia per la mole di lavoro in un tempo relativamente breve, sia per gli obiettivi ambiziosi che mi sono posto.

La fotografia di un grande centro urbano non deve rispondere solamente a canoni estetici, ma deve saper raccontare la vita di chi vi abita e di chi nel corso di millenni ha reso le nostre città così stratificate.

La difficoltà più grande è stata la ricerca dei soggetti, particolari architettonici, panoramiche o piccoli spaccati di vita quotidiana.
Localizzare un paese o un particolare scorcio tra le colline è relativamente semplice, individuare un edificio specifico in un centro abitato è tutta un'altra storia.

Le città viste dall'alto sono estremamente diverse e il rischio di riprendere quasi solo tetti era molto concreto. Fortunatamente, grazie ad un'attenta pianificazione delle modalità di volo, all'abilità dei Piloti e a molta cura in fase di scatto è andato tutto per il meglio e il materiale raccolto, circa 25.000 scatti, si è dimostrato ai livelli sperati se non addirittura superiore.

Per la prima volta in Italia un libro di fotografia aerea si presenta con largo uso di scatti notturni, una novità da tempo presente in pubblicazioni internazionali, che da noi purtroppo non ha ancora preso piede, sia per complicazioni normative che tecniche, poiché l'elicottero è tutt'altro che una piattaforma stabile e priva di vibrazioni. L'unico modo per scoprire l'effettiva fattibilità con i mezzi a disposizione era provare, e a posteriori posso dire che ne è valsa la pena.

Spero che anche voi possiate godere appieno della bellezza di Torino vista da una prospettiva in parte inedita, e che tutto il libro possa rendere giustizia ai torinesi di ieri, dare orgoglio a quelli di oggi ed essere una valida testimonianza per quelli di domani.

Fabio Polosa

Preface

Turin ranks among the Italian cities that have been most successful in transforming themselves in recent decades. It has shed its reputation as a twentieth century "factory town" to become a modern centre renowned for its research, universities, technology and culture.
Looking over the city it is immediately apparent that these changes reverberate on the urban environment, restoring the dignity and status of artistic sites to the squares of the historic centre, and illuminating so many of the city's other spaces with glowing, futuristic innovations.

The madness that lurks behind this project, divided into three books, Turin, Milan and Genoa, was born before the publication of my first book "La provincia di Alessandria vista dal cielo" released in 2011.
At that time I had published three books of aerial photography and after the release of "Vigne in volo" I decided that it was the right time to realize this challenge, which according to many, was impossible both due to the amount of work to be done in a relatively short time, and for the ambitious goals I had set myself.

The photograph of a large urban centre must not only consider the aesthetics, but must be able to tell the story of the life of those who live there and who, over thousands of years, stratified our cities so much.

The biggest problem has been the search for subjects, architectural particulars, panoramas or small slices of everyday life.
Finding a country or a particular insight into the hills is relatively easy, but to identify a specific building in a town is a different story.

The city views from the sky are extremely different and there was the real risk of photographing almost exclusively roofs. Fortunately, thanks to careful planning of the flight route, the ability of the pilots and a lot of care during shooting, everything went well and the material collected, about 25,000 shots, proved to be of the quality I had hoped for if not even better.

For the first time in Italy, a book of aerial photography shows extensive use of night shots, something which has been used for quite some time in international publications, which, unfortunately, has not yet caught on here in Italy, both for regulatory and technical complications, as the helicopter is far from a being stable and vibration-free. The only way to find the actual feasibility with the means available was to try them out, and in retrospect, I can say it was worth it.

I hope that you too enjoy the beauty of Turin seen from a different perspective, and that the whole book does justice to the Turinese of the past, gives pride to those of today and becomes a useful witness for those of tomorrow.

Fabio Polosa

◄ Veduta panoramica notturna. Ponte Vittorio Emanuele I collega Piazza Vittorio Veneto con la chiesa Gran Madre di Dio e Borgo Po.
Panoramic view by night. Ponte Vittorio Emanuele I connects Piazza Vittorio Veneto with the church Gran Madre di Dio and Borgo Po.

P. 6/7

Piazza Vittorio Veneto. Con i suoi 40.000 mq di superficie, è una delle più grandi piazze europee.
Piazza Vittorio Veneto. Spanning 40,000 square metres, it is one of Europe's largest square.

Primo volo per me.
Primo volo per Mr. Robot.
Lufthansa

Indice

Contents

Torino, Italia

Le poche fonti a disposizione lasciano ipotizzare che Torino sia nata intorno al III secolo a.C. per opera dei taurini, popoli stanziali celto-liguri. È probabile che il nome della città sia legato alla radice indoeuropea taur – ma potrebbe anche esserlo al sanscrito sthur (massiccio, selvatico) – cui è associato il greco ορος (oros, montagna).
Nel 58 a.C. Giulio Cesare fece collocare, sui resti degli villaggi taurini, un accampamento militare alla confluenza del Po e della Dora, come posizione strategica per la via delle Gallie. Nel 44 a.C., il triumvirato decise di chiamare la colonia Iulia Taurinorum, dopodiché la città fu definitivamente fondata da Augusto che, intorno al 28 a.C., dedusse una seconda colonia, il cui impianto urbano era quello ancora oggi rilevabile, col nome di Augusta Taurinorum.
Tra il IV e V secolo Augusta Taurinorum fu vittima di un insediamento di barbari: dapprima i dalmati divitensi, poi i sarmati e probabilmente gli alamanni. Intorno al 493 i Burgundi capeggiati da Gundobado, si dedicarono al saccheggio della regione riportando un ampio bottino in beni e schiavi. La città fu poi dominata dai goti e dai bizantini, fino a quando, nel 569, cadde nelle mani dei longobardi, che la posero a capo di uno dei ducati di confine con le terre dei franchi.
Nel 773 Carlo Magno, dopo aver sconfitto i longobardi, entrò in Torino e vi insediò i propri rappresentati comitali rendendo la città centro di una contea franca avente la stessa estensione territoriale del ducato longobardo.
Nel 940 il conte Arduino il Glabro venne investito da Ugo di Provenza del titolo di conte di Torino. Quando, pochi anni dopo, Berengario II strappò il trono d'Italia a Ugo, mise Arduino a capo dell'appena costituita marca di Torino, che riuniva numerosi comitati franchi: Asti, Alba, Albentimillio (Ventimiglia) e Albenga. Ad Arduino successe il figlio Mangifredo che intorno al 1000 trasmise il titolo a Olderico Manfredi. Nel 1035 Olderico Manfredi morì lasciando solamente tre figlie, la maggiore delle quali, Adelaide, ebbe vari mariti, di cui l'ultimo fu Oddone, figlio cadetto del primo conte di Moriana Umberto, detto Biancamano, di origini burgunde. Da questo matrimonio ebbero origine l'interesse e l'influenza della casa dei Savoia nei confronti di Torino.
Nel 1131 Amedeo III riuscì a entrare in città, città che i Savoia persero nel 1148 quando Amedeo morì a Nicosia durante una crociata lasciando terre

Turin, Italy

The few available sources lead historians to hypothesise that Turin was established around the third century BC by the Taurini, a non-migratory Celtic-Ligurian people. It is likely that the name of the city is linked to the Indo-European root taur - but it could also be related to the Sanskrit sthur (massive, wild) - which is associated with the Greek ορος (oros, mountain).
In 58 BC Julius Caesar had a military camp erected on the ruins of Taurini villages at the confluence of the Po and the Dora, a strategic position in terms of the roads through the Gaulish territories. In 44 BC, the triumvirate decided to call the colony Iulia Taurinorum, after which the city was definitively founded by Augustus, who established a second colony with the name of Augusta Taurinorum around 28 BC, the urban layout of which can still be detected today.
Between the fourth and fifth centuries, Augusta Taurinorum fell victim to colonisation by barbarians: first the Dalmatians from Deutz, then the Sarmatians and probably the Alamanni. Around 493 the Burgundians, led by Gundobad, devoted themselves to plundering the region and brought back a large booty in goods and slaves. The city was then dominated by the Goths and Byzantines, until, in 569, it fell into the hands of the Lombards, who placed it under the control of one of the duchies bordering the lands of the Franks.
In 773, after defeating the Lombards, Charlemagne entered Turin and appointed counts there as his representatives, making the city the centre of a Frankish county spanning the same territory as the Lombard duchy.
In 940, Count Arduin Glaber was invested with the title of Count of Turin by Hugh of Provence. When Berengar II seized the Italian throne from Hugo a few years later, he put Arduin at the head of the newly formed march of Turin, which brought together numerous Frankish committees: Asti, Alba, Albentimillio (Ventimiglia) and Albenga. Arduin was succeeded by his son Manfred, who in turn passed on the title to Ulric Manfred around the year 1000. Ulric Manfred died in 1035, leaving behind only three daughters, the eldest of whom, Adelaide, had several husbands, the last of which was Otto, the second son of Humbert, the first count of Maurienne, known as "Biancamano" (the white-handed), of Burgundian origins. This marriage was the origin of the House of Savoy's interest in and influence over Turin.
In 1131 Amedeus III succeeded in entering the city, which the Savoys lost in 1148 when Amedeus died in Nicosia during a crusade, leaving his lands and ti-

P. 10/11

◄ Corso Vittorio Emanuele II. Lungo oltre 4 chilometri è una delle vie più importanti di Torino. Edificato nell'Ottocento segna il perimetro meridionale della città più antica.
Corso Vittorio Emanuele II. Over 4 kilometres long, this is one of the most important streets in Turin. It was built in the nineteenth century and marks the southern perimeter of the oldest city.

Piazza Castello. Piazza a pianta quadrata progettata alla fine del Cinquecento. È il cuore del centro storico al quale confluiscono via Garibaldi, via Roma, via Po e via Pietro Micca.
Piazza Castello. Square-shaped square designed at the end of the sixteenth century. It is the heart of the historic centre where Via Garibaldi, Via Roma, Via Po and Via Pietro Micca converge.

e titoli al figlio minorenne Umberto III. Da qui in poi, alleanze e rovesciamenti di campo si susseguirono lungo un secolo sino a quando, nel 1276, dopo essersi messo a capo della fazione anti-angioina in Piemonte, Guglielmo VII del Monferrato occupò Torino e vi si insediò come signore.
Nel 1280 venne catturato da truppe fedeli alla casa Savoia. Come riscatto dovette cedere Torino e le sue dipendenze a Tommaso di Savoia, che morì nel 1292 aprendo una complessa questione ereditaria che venne risolta con l'assegnazione del titolo comitale al fratello Amedeo, mentre al figlio rimasero Torino e le terre piemontesi sotto il controllo dei Savoia. Di fatto Torino divenne uno stato vassallo della contea di Savoia e i suoi signori furono noti come principi d'Acaia.
Nel 1418 morì, senza discendenti, Ludovico ultimo discendente della linea Savoia-Acaia e quindi Torino e il Piemonte ritornarono sotto il dominio diretto di Amedeo VIII, duca di Savoia, che nel 1424 istituì il Principato di Piemonte.
Il XVI secolo si aprì con lo scontro tra Carlo V e Francesco I, che nel 1536 ordinò l'occupazione del Ducato di Savoia. Dopo anni di alterne vicende, nel 1557 i francesi, sconfitti nella battaglia di San Quintino da Emanuele Filiberto, figlio di Carlo II, con la pace di Cateau-Cambrésis nel 1559 dovettero restituire Torino, la Savoia e il Piemonte al duca savoiardo.
Ancora prima di rientrare in possesso della città, nel 1561, Emanuele Filiberto prese due decisioni di notevole portata: decise di trasferire la capitale del suo stato da Chambéry, in Savoia, a Torino e ordinò che tutti gli atti ufficiali del ducato fossero redatti in italiano.
Seguì un periodo di pace e di maestosa ristrutturazione urbana, che si concluse con l'epidemia di peste del 1630, a seguito della quale la città si svuotò.
Nel 1637 morì a Vercelli il duca Vittorio Amedeo I lasciando lo stato al figlio Francesco Giacinto di pochi anni; la reggenza assunta da Cristina di Borbone-Francia, consorte del defunto duca e sorella del re di Francia, venne contestata dai fratelli del duca scomparso. Il confronto, che divenne in breve tempo scontro militare tra Francia e Spagna per il controllo di Savoia e Piemonte, si chiuse nel 1642 con un accordo definitivo tra i contendenti, accordo che vide la reggente ben salda al potere, posizione che mantenne fino alla morte.
All'inizio del XVIII secolo, durante la guerra di successione spagnola, Torino venne più volte minacciata dall'esercito francese che, dopo alterne vicende, stava portando scompiglio nel Piemonte sabaudo. Nel 1705 l'assedio venne evitato per mancanza di rinforzi francesi ma l'anno successivo la città fu circondata e sottoposta all'assedio per 117 giorni. La cittadella voluta dal duca Testa di Ferro resistette eroicamente anche grazie al sacrificio di uomini quali Pietro Micca. Liberata infine dalle forze austro-piemontesi capitanate da Vittorio Amedeo II di Savoia, la città divenne, dopo il trattato di Utrecht, capitale del Regno di Sicilia, poi scambiato, in ottemperanza del trattato di Londra del 1718, con il Regno di Sardegna.
Si apre un nuovo periodo prospero per la città, anche sotto il profilo culturale. A Torino si trovavano in quegli anni, oltre a Vittorio Alfieri, anche

tles to the his son Humbert III, then still a child. From here on, alliances and reversals of perspective followed one another for a century until, in 1276, William VII of Montferrat occupied Turin after being put in charge of the anti-Angevin faction in Piedmont and established himself there as a lord.
In 1280 he was captured by troops loyal to the House of Savoy. As a ransom, he had to cede Turin and its dependencies to Thomas of Savoy, who died in 1292, triggering a complex inheritance dispute that was resolved by assigning the title of count to his brother Amedeus, while his son inherited Turin and the Piedmont lands, so they remained under the control of the Savoys. In fact, Turin became a vassal state of the county of Savoy and its lords were known as the princes of Achaia.
Louis, the last descendant of the Savoy-Achaia line, died childless in 1418, and so Turin and Piedmont returned to the direct rule of Amadeus VIII, Duke of Savoy, who founded the Principality of Piedmont in 1424.
The sixteenth century began with a clash between Charles V and Francis I, who ordered the occupation of the Duchy of Savoy in 1536. After years of changing fortunes, in 1557 the French were defeated at the Battle of San Quentin by Emanuel Philibert, son of Charles II, and was forced to restore Turin, Savoy and Piedmont to the Savoyard duke under the terms of the Treaty of Cateau-Cambrésis in 1559.
Even before regaining possession of the city, in 1561 Emanuel Philibert made two decisions of considerable importance: he decided to transfer the capital of his state from Chambéry, in Savoy, to Turin, and he ordered that all the official acts of the duchy were to be written in Italian.
There followed a period of peace and majestic urban restructuring, which ended with the plague epidemic of 1630, following which the city was deserted.
In 1637, Duke Victor Amadeus I died in Vercelli, leaving the state to his son Francis Hyacinth, who was just few years old; the regency assumed by Christine Marie of France, wife of the late Duke and sister to the King of France, was contested by the deceased Duke's brothers. The dispute, which quickly became a military conflict between France and Spain for control of Savoy and Piedmont, ended in 1642 with an agreement between the contenders that saw the regent firmly in power, a position she held until her death.
At the beginning of the eighteenth century, during the War of the Spanish Succession, Turin was repeatedly threatened by the French army, which, after various incidents, was wreaking havoc in Savoyard Piedmont. A siege was avoided in 1705 because of the lack of French reinforcements, but the following year the city was surrounded and subjected to siege for 117 days. The citadel built up by the "Iron Head" Duke, Emmanuel Philibert, heroically resisted thanks to the sacrifice of men such as Pietro Micca. Finally freed from the Austro-Piedmontese forces captained by Victor Amadeus II of Savoy, after the Treaty of Utrecht the city became the capital of the Kingdom of Sicily, which was then exchanged for the Kingdom of Sardinia pursuant to the Treaty of London in 1718.
A new period of prosperity began for the city and its culture. During those years, Turin was home not only to Vittorio Alfieri, but also Joseph-Louis Lagrange, Giambattista Bodoni, Giovanni Battista Beccaria and Carlo Botta, and the Academy of Sciences of Turin was internationally renowned.

▸ Palazzo Reale. Progettato alla fine del Cinquecento, fu la principale residenza dei Savoia in Piemonte. È parte del Polo Reale, un percorso museale che comprende la Biblioteca Reale, l'Armeria Reale, i Giardini Reali, la Galleria Sabauda e il Museo di Antichità.

Palazzo Reale (the Royal Palace). Designed at the end of the sixteenth century, it was the Savoy family's main residence in Piedmont. It is part of the "Polo Reale", a museum route that includes the Royal Library, the Royal Armoury, the Royal Gardens, the Savoy Gallery and the Museum of Antiquities.

Joseph-Louis Lagrange, Giambattista Bodoni, Giovanni Battista Beccaria, Carlo Botta, e l'Accademia delle Scienze di Torino era rinomata a livello internazionale.
L'8 dicembre 1798, dopo un conflitto durato alcuni anni, Carlo Emanuele IV di Savoia, alleato dell'impero asburgico, sconfitto dai francesi lasciò Torino per ritirarsi in Sardegna. Nel 1799 la città e il Piemonte vennero uniti alla Francia; Torino divenne il capoluogo del dipartimento dell'Eridano.
Dal 1800 al 1814 Torino fu una città francese; la lingua ufficiale dell'amministrazione e dell'istruzione divenne il francese, molte vie ebbero nomi di personaggi legati alla rivoluzione o agli ideali di questa. L'8 maggio 1814 truppe austriache entrarono in Torino, in sostituzione di quelle francesi appena partite, seguite, il venti dello stesso mese, da Vittorio Emanuele I. Nel 1821 Vittorio Emanuele abdicò in favore del fratello Carlo Felice a seguito dei moti rivoluzionari, ma fu solo sotto il successore Carlo Alberto che la città, espandendosi sotto il profilo sia urbanistico sia demografico, si predispose a diventare la futura capitale d'Italia, cosa che avvenne nel 1861, al termine della seconda guerra d'indipendenza, sotto il regno di Vittorio Emanuele II.
Perso il titolo di capitale quattro anni dopo, la città avviò lo sviluppo industriale che l'avrebbe resa così rilevante per l'economia nazionale. Intorno agli anni Ottanta del secolo furono create le Officine Savigliano, destinate alla produzione di materiale rotabile per le ferrovie. Nel 1880 iniziò la produzione di cavi elettrici da parte della Ceat. Nel 1898 venne infine fondata la Fiat.
Dopo la prima guerra mondiale si ebbe un acuirsi dei conflitti sociali, che però finirono presto anche a causa di un fallito tentativo rivoluzionario. Parte della società si avvicinò a posizioni più autoritarie che favorirono la salita al potere del fascismo.
A causa della sua industrializzazione, con l'entrata in guerra dell'Italia nel secondo conflitto mondiale il capoluogo piemontese fu la prima città a essere bombardata (12 giugno 1940) e quella più pesantemente danneggiata dalle incursioni aeree, che procurarono ingentissime perdite e provocarono lo sfollamento di parte della popolazione. La rinascita di Torino dopo la guerra e le lotte partigiane per la liberazione, che la videro parte molto attiva, fu quasi immediata, data la presenza degli stabilimenti Fiat. Dopo l'autunno caldo del 1969 ci fu un'escalation delle tensioni sociali e politiche che caratterizzeranno quelli che saranno in seguito ribattezzati gli anni di piombo. La crisi industriale fu solo uno dei tanti problemi che Torino venne chiamata in quegli anni (e non solo) a risolvere.
Nel 2006 Torino ospitò i XX Giochi olimpici invernali e i IX Giochi paralimpici invernali e questi eventi possono essere presi come punto di rinascita della città. Sempre in occasione delle Olimpiadi invernali venne inaugurata la prima linea della metropolitana cittadina. Altre opere pubbliche come il passante ferroviario e i lavori per la nuova stazione ferroviaria di Torino Porta Susa, insieme ad altre grandi opere di riqualificazione che sono state compiute e continuano ad effettuarsi, hanno reso la città un polo di attrazione turistica.

On 8 December 1798, after a conflict that lasted several years, Charles Emmanuel IV of Savoy, an ally of the Hapsburg Empire, was defeated by the French and left Turin, retreating to Sardinia. In 1799 the city and Piedmont were united with France and Turin became the capital of the Po department.
From 1800 to 1814 Turin was a French city. French became the language used for its administration and education, and many streets took their names from people or concepts linked to the revolution. On 8 May 1814, Austrian troops entered Turin, replacing the French who had just left, followed by Victor Emmanuel I on the twentieth day of the same month. In 1821 Victor Emmanuel abdicated in favour of his brother Charles Felix as a result of revolutionary movements, but it was only under his successor Charles Albert that the city, which was expanding in terms of both population and urban planning, prepared itself to become the future capital of Italy, which happened in 1861, after the second War of Independence, during the reign of Victor Emmanuel II.
Having lost the title of the capital four years later, the city began the industrial development that would make it so important to the national economy. Around the 1880s, the Officine Savigliano were created for the production of rolling stock for railways. In 1880, production of electrical cables began by Ceat company. Fiat was finally founded in 1898.
After the First World War several social conflicts escalated but soon ended, partly because of a failed attempt at revolution. Part of society moved towards more authoritarian views that facilitated the rise to power of fascism.
Because of its industrialisation, when Italy entered the Second World War, the capital of Piedmont was the first city to be bombed (12 June 1940) and the most heavily damaged by air raids, which caused very heavy losses and displaced part of the population. The rebirth of Turin after the war and the partisan struggles for liberation, in which the city took a very active part, was almost immediate because of the presence of the Fiat facilities. After the hot autumn of 1969 there was an escalation of the social and political tensions characteristic of the period later renamed the years of lead. The industrial crisis was just one of many problems that Turin was called on to solve in those years (and beyond).
In 2006 Turin hosted the XX Olympic Winter Games and the IX Paralympic Winter Games, events seen a token of the city's renaissance. The first line of the metro system was also inaugurated on the occasion of the Winter Olympics. Other public works such as the rail link and the works for the new railway station at Porta Susa, along with other completed and on-going major redevelopment projects, have made the city a tourist attraction.

◄ Cappella della Sindone. Riaperta al pubblico il 27 settembre 2018 in seguito a un lungo restauro resosi necessario dopo l'incendio del 1997. All'interno è conservato il presunto lenzuolo in cui è stato avvolto il Corpo di Cristo, venerato come reliquia dalle persone di fede cattolica.
Chapel of the Holy Shroud. Reopened to the public on 27 September 2018 after a long restoration that became necessary after the fire of 1990. Inside is kept the supposed linen in which the Body of Christ was shrouded, it is worshipped as a relic by people of Catholic faith.

P. 18/19

Particolare della Mole Antonelliana, al centro la terrazza panoramica situata a 80 metri sopra il livello della strada. Sulla sinistra la chiesa della Gran Madre di Dio che si affaccia sul fiume Po.
Detail of the Mole Antonelliana, in the center the panoramic terrace located 80 meters above street level. On the left the church of the Gran Madre di Dio which overlooks the Po River.

ORDO · POPVLVSQVE · TAVRINVS · OB · ADVENTVM · REGIS

Uno stile per tutte le stagioni

Da diversi anni grandi e piccole trasformazioni stanno interessando Torino. Sono cambiamenti che riqualificano i territori parallelamente a trasformazioni anche radicali, che investono luoghi, pratiche d'uso degli spazi, politiche urbane. Con i luoghi sono mutati anche i loro immaginari, e la percezione della qualità urbana.
Ciononostante, alla Torino moderna e rutilante si contrappone una storia millenaria che lascia tracce architettoniche in ogni dove e che rende il capoluogo piemontese un unicum di integrazione fra antico e contemporaneo. La storia di Torino si estende per più di due millenni e le sue vestigia sono in parte ancora visibili nei principali monumenti, nelle vie, nelle piazze e perfino nel sottosuolo. Basti ricordare il famoso Palazzo Madama, sorto originariamente come porta romana e divenuto col tempo fortezza medioevale e residenza sabauda. Torino rimase per secoli una città marginale, seppur mantenendo un ruolo primario nella storia piemontese, ma fu con la proclamazione a capitale del ducato di Savoia che divenne per la prima volta un centro di grande importanza, e proprio da qui scaturirono le architetture che l'hanno resa tra le capitali del classico e del barocco.
Il segno più antico è quello della Porta Palatina, testimonianza dell'insediamento romano di Augusta Taurinorum, tornato oggi a nuovo splendore grazie al progetto del Parco Archeologico che racchiude i remoti reperti romani.
Divenuta nel 1563 capitale del Ducato di Savoia, Torino – fino allora racchiusa nell'antico castrum romano, all'interno del perimetro a scacchiera che ancora contraddistingue il centro cittadino – conobbe con Carlo Emanuele I (1580-1630) il suo primo ampliamento urbanistico. Il modello architettonico e territoriale che nel periodo barocco caratterizzò Torino quale capitale europea si fonda sui modelli spaziali dell'assolutismo, che diedero all'intero continente inedite strutture di comunicazione e di segni, con un marcato rilievo ai valori simbolici.
Le architetture e le realizzazioni di questo periodo appaiono dunque caratterizzate da una forte integrazione tra politica, architettura, urbanistica, arte e retorica di corte, e trovano nelle chiese di protezione ducale e regia, nelle congregazioni religiose, nelle residenze auliche della corte, dal Palazzo Reale alla corona di delizie extraurbana, negli esiti urbanistici delle vie e delle piazze porticate progettate a specchio del Potere sovrano, nei palazzi nobiliari e nelle vigne collinari, il filo conduttore che contraddistingue una società colta ed evoluta, capace di coniugare architettura e arte.
I Savoia non lesinarono impegno e chiamarono per impreziosire la loro capitale i principali architetti dell'epoca. A Torino giunsero maestri del calibro

◂ Santuario della Consolata. Edificio religioso già documentato nel X secolo, deve l'attuale aspetto barocco all'intervento di più architetti tra i quali Guarini, Juvarra e Ceppi.

Santuario della Consolata (Sanctuary of the Virgin of the Consolation). A religious building documented as far back as the tenth century. It owes its current Baroque appearance to the intervention of multiple architects such as Guarini, Juvarra and Ceppi.

A Style for all seasons

For several years now, Turin has been undergoing large and small transformations. These changes have regenerated the region alongside transformations, some of which have been radical, affecting places, practical use of space and urban policies. The ideas of these places have shifted along with the places themselves, as well as perceptions of the urban quality of the city.
Nevertheless, this modern, glowing Turin is contrasted by its thousand of years of history, architectural traces of which can be found everywhere, making the capital of Piedmont a unique blend of ancient and contemporary. The history of Turin dates back more than two millennia and vestiges of it are still partly visible in the main monuments, streets, squares and even underground. Suffice it to recall the famous Palazzo Madama, which was built originally as a Roman gate and over time became a medieval fortress and a residence of the House of Savoy. Turin remained a marginal city for centuries, despite playing a primary role in the history of Piedmont, but it was when it was proclaimed the capital of the Duchy of Savoy that it became a centre of great importance for the first time, and this gave rise to the architectural gems that have made the city a capital of the classical and baroque styles.
Its oldest symbol is the Porta Palatina, a relic of the Roman settlement of Augusta Taurinorum that has now been restored to its former glory thanks to a project by the archaeological park that encompasses the remote Roman remains.
With its promotion to capital by the Duchy of Savoy in 1563, Turin - which had previously been contained within the ancient Roman fort, the grid-like perimeter of which still outlines the city centre - underwent its first period of urban expansion under Charles Emmanuel I (1580-1630). The architectural and territorial model that characterised Turin as a European capital in the Baroque period was based on the spatial patterns of absolutism, which gave the whole continent unprecedented communication and sign-based structures, with a marked emphasis on symbolic values.
The architecture and the achievements of this period therefore appear characterised by the close integration of politics, architecture, urban planning, art and court rhetoric. The common thread that distinguishes it as home to a cultured and evolved society that combines architecture and art can be found in the churches under ducal and royal protection, religious congregations, in the stately residences of the court, from the Royal Palace to the crown of delights in the suburbs, in the urban planning of the streets and porticoed squares designed to mirror the sovereign power, in the noble palaces and in the hill-top vineyards.
The Savoys spared no effort and called on the key architects of the time to embellish their capital. Turin was inundated with masters of the calibre of Ascanio

di Ascanio Vitozzi, Carlo e Amedeo di Castellamonte, Guarino Guarini, Filippo Juvarra e Benedetto Alfieri. L'età del Barocco donò alla città gioielli di grande splendore e identificò lo stile anche di alcune tra le vie e le piazze più rinomate del centro storico, tra le quali via Po, piazza Castello, piazza San Carlo.
Il cuore di questo sistema barocco è la "Corona delle Delizie": un circuito di 15 Residenze Reali – urbane, extraurbane e situate nel resto del Piemonte – dichiarate "Patrimonio dell'Umanità" nel 1997. In città vanno ricordati: il Palazzo Reale, residenza dei Savoia fino al 1865; Palazzo Madama, che ospita il Museo di Arte Antica, frammento di un ambizioso programma di rinnovamento monumentale del centro antico della città; e Palazzo Carignano, sede del Parlamento Subalpino e del primo Parlamento Italiano dopo l'Unità Nazionale.
Gli insediamenti urbanistici si svilupparono per innesti successivi. Del primo ampliamento di Torino venne incaricato Ascanio Vitozzi (1539-1615) con la sistemazione di Piazza Castello, intorno alla quale si svilupparono i nuovi quartieri della città; i lavori furono portati avanti da Carlo di Castellamonte (1560-1641), che dal 1621 continuò lo sviluppo verso sud dell'abitato secondo un sistema di assi tra loro ortogonali. Al medesimo architetto si deve la formazione della vasta Piazza San Carlo (Piazza Reale), uno spazio derivato dalla place royale francese, con ai lati della direttrice principale due chiese gemelle. Amedeo di Castellamonte (1610-1683), figlio di Carlo, pianificò lo sviluppo della città verso est.
Per sopperire alla necessità di spazio edificabile si abbatterono le mura romane e filibertiane e la stessa Porta Nuova erette nel 1620 che ancora dividevano la città vecchia dalla città moderna, e si cominciò a progettare un secondo ampliamento della cinta muraria. Il 23 ottobre 1673 il duca Carlo Emanuele II in persona posò la prima pietra del secondo ampliamento cittadino, che questa volta includeva dentro le mura torinesi l'area verso il fiume: non a caso, l'arteria principale della nuova sezione, detta Contrada di Po, venne battezzata, appunto, via di Po. I confini della nuova area correvano da via Accademia delle Scienze a Via San Francesco da Paola, quindi toccavano le attuali piazza Cavour, via Maria Vittoria, piazza Vittorio Veneto, congiungendosi infine con i Giardini Reali. La piazza principale della nuova estensione torinese venne intitolata proprio a Carlo Emanuele II.
Guarino Guarini (1624-1683) portò a termine la Cappella della Sacra Sindone, iniziata proprio dal Castellamonte sul retro del Duomo; tra il 1668 e il 1680 costruì la chiesa di San Lorenzo, e inoltre progettò Palazzo Carignano, basato su una pianta a U, che presenta una monumentale facciata convessa, sporgente su entrambi i lati dell'edificio.
Nel 1714 Filippo Juvarra, divenuto Primo Architetto Reale di Vittorio Amedeo II, re di Sicilia e dal 1722 di Sardegna, venne chiamato a Torino per un grandioso progetto di riqualificazione urbana per la capitale del nuovo regno. Moltissime furono le opere di quegli anni: la facciata della chiesa di Santa Cristina (1715), la Basilica di Superga (1716-1731), uno dei suoi capolavori, le chiese di San Filippo Neri e del Carmine (e una serie di grandiosi progetti, a pianta centrale e longitudinale, per un nuovo Duomo.

Vitozzi, Carlo and Amedeo di Castellamonte, Guarino Guarini, Filippo Juvarra and Benedetto Alfieri. The Baroque era gave the city jewels of great splendour and also set the style of some of the most famous streets and squares in the historic centre, including Via Po, Piazza Castello and Piazza San Carlo.
The heart of this Baroque system is the "Crown of Delights": a circuit of 15 urban and suburban Royal Residences situated throughout Piedmont granted "World Heritage" status in 1997. Notable examples within the city include: the Royal Palace, the residence of the Savoys until 1865; Palazzo Madama, which houses the Museum of Ancient Art, part of an ambitious programme to renovate the monuments in the ancient centre of the city; and Palazzo Carignano, seat of the Subalpine Parliament and of the first Italian Parliament after the National Unification.
The urban settlements developed through successive additions. The first expansion of Turin was commissioned by Ascanio Vitozzi (1539-1615) and included the laying of Piazza Castello, the central point around which the new districts of the city were developed. The work was carried out by Carlo di Castellamonte (1560-1641), who continued with the developments on the south of the town from 1621 onwards according to a system of axes perpendicular to one another. The same architect was responsible for the formation of the vast Piazza San Carlo (Piazza Reale – Royal Square), a space derived from the French 'place royale' with twin churches either side of the main route. Amedeo di Castellamonte (1610-1683), son of Carlo, planned the development of the city to the east. In order to provide the necessary building space, the walls from the eras of Romans and Emmanuel Philibert were demolished, as was Porta Nuova, which was erected in 1620 when the old town was still divided from the modern city, and planning began on a second expansion of the walls. On 23 October 1673 Duke Charles Emmanuel II himself laid the foundation stone for the second expansion of the city, which this time included the area towards the river within the walls of Turin. Unsurprisingly, the main artery of the new district, called the Contrada di Po, was baptised Via Po. The boundaries of the new area ran from Via Accademia delle Scienze to Via San Francesco da Paola, then reaching the areas now known as Piazza Cavour, Via Maria Vittoria and Piazza Vittorio Veneto, and finally joining up with the Royal Gardens. The main square of Turin's new extension was dedicated to Charles Emmanuel II.
Guarino Guarini (1624-1683) completed the Chapel of the Holy Shroud, which had been started by Castellamonte at the back of the Cathedral; between 1668 and 1680 he built the church of San Lorenzo, and he also designed Palazzo Carignano, which is based on a U-shaped layout with a monumental convex façade that juts out on either side of the building.
In 1714 Filippo Juvarra, who became the First Royal Architect to Victor Amadeus II, King of Sicily and also of Sardinia from 1722, was called to Turin for a grandiose urban project to regenerate the capital of the new kingdom. Many works were constructed in those years: the façade of the church of Santa Cristina (1715), the Basilica of Superga (1716-1731), one of his masterpieces, the churches of San Filippo Neri and Madonna del Carmine (and a series of impressive plans for a new cathedral with a central and longitudinal layout).
The civil buildings worthy of note include the grand designs for a crown of delights surrounding the capital, including the Castle of Rivoli (1718), which was

▸ Particolare di Palazzo Madama. Le quattro statue della settecentesca facciata Juvarriana si affacciano su Piazza Castello e rappresentano le virtù del buon governo.

Detail of Palazzo Madama. The four statues on the eighteenth century façade by Juvarra overlook Piazza Castello and represent the virtues of good governance.

Tra gli edifici civili annoveriamo i grandiosi disegni per una corona di delitie che circonda la capitale, tra cui il castello di Rivoli (1718), che avrebbe dovuto dominare un imponente giardino fatto di terrazze su più livelli; la Palazzina di caccia di Stupinigi (1727), dall'impianto ovale che si espande a croce di Sant'Andrea verso i giardini, e la reggia di Venaria Reale, con la Grande Galleria e la chiesa di Sant'Uberto.
Continuatori dell'architettura di Juvarra furono Bernardo Antonio Vittone, che ne sviluppò la linea barocca, contaminandone lo stile con quello di Guarini, e Benedetto Alfieri, che ne seguì le istanze classicistiche.
Nell'Ottocento e nel Novecento la città scoprì nuove suggestioni. Sulla riva del fiume Po venne realizzata piazza Vittorio Veneto (precedentemente intitolata a Vittorio Emanuele I), che ancor oggi è il più grande spazio porticato d'Europa, e di là dal fiume la Basilica della Gran Madre di Dio, tempio neoclassico ispirato al Pantheon di Roma. Nacque l'Art Nouveau e Alessandro Antonelli costruì l'edificio divenuto simbolo della città: la Mole Antonelliana. Realizzata tra il 1863 e il 1889, è alta 167,5 metri e i suoi spazi ospitano oggi il Museo Nazionale del Cinema. Negli anni Venti e Trenta del XX secolo, in stile razionalista, furono costruite la centrale via Roma e lo stabilimento Fiat del Lingotto firmato da Giacomo Matté Trucco. Lo stabilimento, ristrutturato da Renzo Piano, è ora uno dei principali centri polifunzionali d'Italia. E negli anni Sessanta ancora la Galleria d'Arte Moderna, il Museo dell'Automobile, il Palazzo del Lavoro e Torino Esposizioni, firmati da Pier Luigi Nervi, il Palavela, il Teatro Regio firmato dopo l'incendio del 1929 da Carlo Mollino e le realizzazioni di nomi come Aldo Rossi, Roberto Gabetti, Aimaro Isola.
Negli anni Settanta iniziò l'evoluzione architettonica della città, che getta le basi della trasformazione attuale: quella delle nuove, avanguardistiche infrastrutture costruite in occasione dell'appuntamento olimpico come il Palasport di Arata Isozaki e Pier Paolo Maggiora, l'Oval di Hok Sport e Studio Zoppini, il Palavela reinterpretato da Gae Aulenti e Arnaldo De Bernardi. E poi, ancora, il mercato coperto di Massimiliano Fuksas in piazza della Repubblica, il Polo Universitario per le Facoltà Umanistiche di Norman Foster, la nuova Stazione di Porta Susa del Gruppo Arep, la Chiesa del Santo Volto di Mario Botta. Questi e altri edifici, che nascono dai progetti di riconversione di edifici storici o industriali dismessi, non sono che esempi di come la città si stia trasformando grazie alle grandi firme dell'architettura.
Nella Torino di oggi, ai capolavori del Barocco e del Liberty si sommano queste magnifiche strutture, disegnate dai grandi architetti impegnati nella trasformazione degli anni Novanta, trasformazione accelerata dai XX Giochi Olimpici invernali, che hanno fatto conoscere al mondo una città più bella, più moderna, più accogliente, più attrezzata.

intended to dominate over an imposing garden made up of terraces on different levels; Palazzina di Caccia in Stupinigi (1727), with an oval design expanding into the shape of a St. Andrew's cross towards the gardens, and the palace in Venaria Reale, with its Grand Gallery and the church of Sant'Uberto.
Juvarra's architectural legacy was continued by Bernardo Antonio Vittone, who developed its baroque features, blending the style with that of Guarini, and Benedetto Alfieri, who worked on the classicist instances.
In the nineteenth and twentieth centuries the city discovered new influences. Piazza Vittorio Veneto (previously named after Victor Emanuel I) was built on the bank of the river Po and is still is the largest porticoed space in Europe, while the Basilica of the Holy Mother, a neoclassical temple inspired by the Pantheon of Rome, was constructed on beyond the river. The next significant trend was Art Nouveau, and it was in this style that Alessandro Antonelli built the building that would become one of the city's symbols: the Mole Antonelliana. Made between 1863 and 1889, it is 167.5 metres high and its rooms now house the National Museum of Cinema. In the 1920s and 1930s, Via Roma, a main shopping street, and the Fiat factory in Lingotto designed by Giacomo Matté Trucco were built in the rationalist style. The factory, which was later renovated by Renzo Piano, is now one of Italy's main multi-functional centres. The 1960s saw the construction of the Gallery of Modern Art, the Automobile Museum, the Palazzo del Lavoro and Torino Esposizioni, designed by Pier Luigi Nervi, the Palavela, the Teatro Regio, which was redesigned by Carlo Mollino after the fire of 1929, and works by names such as Aldo Rossi, Roberto Gabetti, Aimaro Isola.
The architectural evolution of the city in the 1970s laid the foundations for the current transformation with new, avant-garde infrastructure built on the occasion being appointed Olympic hosts, such as the Palasport by Arata Isozaki and Pier Paolo Maggiora, the Oval by Hok Sport and Studio Zoppini, and the Palavela reinterpreted by Gae Aulenti and Arnaldo De Bernardi. And then there is also the covered market by Massimiliano Fuksas in Piazza della Repubblica, the University Centre for the Faculty of Humanities by Norman Foster, the new Porta Susa Station by the Arep Group, and the Church of the Holy Face by Mario Botta. These and other buildings resulting from projects to reconvert historic or abandoned industrial buildings provide just a few examples of how the city is being transformed thanks to the big architectural firms.
In present day Turin, the Baroque and Art Nouveau masterpieces are overlaid by these magnificent structures, designed by leading architects of the 1990s committed to the transformation of the city, a process accelerated by the XX Olympic Winter Games, which allowed the world to discover a city that was more beautiful, more modern, more welcoming and better equipped.

◄ Superga. Veduta notturna. L'illuminazione rende la Basilica visibile da tutta Torino mettendo in evidenza la sua imponenza.

Superga. Night view. Its lighting makes the Basilica visible from all of Turin, highlighting its grandeur.

P. 26/27

Panoramica della città. In primo piano Piazza Vittorio Veneto, al centro Via Po che conduce a Piazza Castello. Sul lato destro la Mole Antonelliana.

Overview of the city. In the foreground Piazza Vittorio Veneto, in the center Via Po leading to Piazza Castello. On the right side the Mole Antonelliana.

ORDO · POPVLVSQVE · TAVRINVS · OB · ADVENTVM · REGIS

Tutti i colori (e sapori) della vita

Il maggior pregio dei torinesi è l'understatement, il non darsi troppa importanza, lo stile di vita sobrio, l'orrore per i gesti magniloquenti, per le urla, per tutto quello che è sopra le righe.
Di tutto ciò si ritrova traccia persino nella letteratura, che trasmette unanime il senso di una città pacifica, che vive e lascia vivere, in cui puoi concentrarti sui tuoi progetti sapendo che ti sarà dato di tentare in tutta tranquillità.
Nel 1751 il commediografo Carlo Goldoni, nelle memorie in francese, si soffermò sia sul temperamento dei torinesi sia sulle caratteristiche estetiche della città. Della gente subalpina rileva la compostezza, dapprima interpretata come freddezza e, in seguito, alla luce di una più approfondita conoscenza del carattere locale, letta più correttamente come manifestazione esteriore d'un temperamento misurato, sia nell'espressione dei sentimenti sia nell'esternazione delle opinioni. Nel motto subalpino "esageroma nen", quasi uno slogan o una dichiarazione programmatica, si legge la traduzione più efficace di questa attitudine misurata, che si riflette nel bel garbo, il sabaudo "bel deuit" (dal latino doctus), inteso come regola di condotta alla quale conformare i rapporti interpersonali, nella pacatezza delle reazioni, nella saldezza dei principi, che non vanno mai traditi. Accanto all'atteggiamento compassato ma esigente del pubblico torinese, non facile agli entusiasmi, Carlo Goldoni coglie un altro aspetto del temperamento subalpino, definendo gli abitanti della capitale sabauda "molto cortesi e onestissimi", un tratto caratteristico che si rispecchia nel celebre quanto ingiusto detto che imputa ai piemontesi, come dote caratteriale, "falsità, serietà e cortesia". Interpretare la cortesia come falsità è una deformazione tipica dei nostri tempi.
Il filosofo tedesco Friedrich Nietzsche, soggiornando per la prima volta a Torino nella primavera del 1888, rimase talmente rapito dal carattere dei torinesi – e di riflesso, si direbbe, dalla veste architettonica e dalla cornice paesaggistica della capitale sabauda – da definirla entusiasticamente come «una città secondo il mio cuore. Anzi, la sola: tranquilla, quasi solenne...».
Nietzsche si innamorò con tale coinvolgimento della città sabauda che vi programmò un secondo soggiorno nel settembre 1889. Torino apparve come la meta agognata, capace di restituirgli fiducia nelle «possibilità di sopravvivenza», anche grazie all'aria «energica e secca» che spazza i cieli della città e che sa donare una limpidezza cristallina all'atmosfera persino nel pieno del rigore invernale. L'uniformità stilistica, la regolarità dei tracciati viari, la simmetria e la spaziosità delle piazze sono tratti caratteristici di un ordine estetico e urbanistico che rispecchia la presenza di un ordine imposto dall'alto, di un equilibrio militare e politico garantito dal potere ducale, che

All the colours (and flavours) of life

Turin's greatest asset is its power of understatement, its ability not to ascribe things too much importance, its sober lifestyle, its intolerance of grandiose gestures, screams and anything considered over the top.
Traces of it can be found in everything, even the local literature, which conveys an unequivocal sense of the city as a peaceful place, where people live and let live and where you can concentrate on your projects in the knowledge that you'll be left to get on with it in perfect tranquillity.
In 1751, comic writer Carlo Goldoni lingered on both the temperament of Turin and city's the appearance of the city in his memoirs, which he wrote in French. He reveals the people of the subalpine region to be very composed, a trait he initially interpreted as coldness and, later, in light of a deeper knowledge of the local character, more correctly read as an outward manifestation of a measured temperament when expressing both their feelings and opinions. The subalpine motto "esageroma nen" (let's not exaggerate) could almost be seen as a slogan or a policy statement, and provides the most effective translation of this measured attitude. This is reflected in the good manners found here, known in local dialect as "bel deuit" (from the Latin doctus - taught), intended as rules goof conduct applied to interpersonal relationships characterised by calm reactions and firm principles that should never be betrayed. In addition to the staid but demanding nature of the people of Turin, who are not overly prone to enthusiasm, Carlo Goldoni captured another aspect of subalpine temperament when he defined the inhabitants of the Savoy capital as "very courteous and very honest," a feature reflected in the famous and unfair saying that accuses the Piedmontese of the traits of "falsehood, seriousness and courtesy." Interpreting politeness as falsehood is a contortion typical of our times.
The German philosopher Friedrich Nietzsche, who stayed in Turin for the first time in the spring of 1888, was so captivated by the character of Turin's inhabitants - and consequently, it seems, the Savoyard capital's architectural look and the landscape that serves as its backdrop - that he enthusiastically described it as "a city after my own heart. Indeed, the only one: quiet, almost solemn..."
Nietzsche fell so deeply in love with the city's charms that he planned a second stay in September 1889. Turin appeared to him to be a long-desired goal, capable of restoring his confidence in the "chance of survival", partly thanks to the "energetic and dry" air that sweeps the skies of the city, providing a crystal clear atmosphere, even in the depths of winter. Its uniform style, the regularity of its road layout, and the symmetry and spaciousness of its squares are the characteristic features of an aesthetic and urban plan that reflect the presence of an order imposed from above, of a military and political balance guaranteed by ducal power that does not allow

◄ Ponte Vittorio Emanuele I. Fu costruito in pietra all'inizio del XIX secolo ed è lungo circa 150 metri. È il ponte più antico della città.

Ponte Vittorio Emanuele I. It was built in stone in the early nineteenth century and is about 150 metres long. It is the oldest bridge in the city.

non ammette devianze dalla regola generale come non tollera turbamenti della pace sociale. Ecco, allora, che l'impronta regale di Torino ci fa comprendere l'elogio di Nietzsche per "la quiete aristocratica" rimasta impressa su ogni cosa.
È probabile che l'ammirazione di Nietzsche per la Francia abbia trovato a Torino uno sbocco ideale, già anticipato dalle parole dell'amico psicologo Paul Bourget, che gliela descrisse come "la meno italiana delle città d'Italia", echeggiando il giudizio di Goldoni, il quale aveva annotato la familiarità dei torinesi con gli usi e costumi dei francesi, di cui parlano correntemente la lingua. Torino, d'altronde, per la sua posizione geografica, è crocevia di influssi, è "padana e alpina insieme", un mèlange di condizionamenti culturali che ne determinano un'impronta peculiare e inconfondibile.
Forse è la struttura stessa della città che induce il torinese ad assumere la caratteristica aria seriosa e meditabonda che, secondo Enrico Thovez, lo contraddistingue, ma è plausibile anche il contrario, che sia stata la forma mentis "squadrata" del torinese a influenzare la conformazione urbanistica della città, quasi proiettandosi su di essa.
Torino è anche una città dall'animo profondamente "green", improntato cioè all'eco-sostenibilità. Solo per fare un esempio, in piazza Emanuele Filiberto (cioè in centro, nel Quadrilatero Romano) è stato realizzato il primo orto self-made del Piemonte. Un fiorire di peperoncini, pomodori, basilico, insalate, pruni, mele… Qualcosa vorrà pur dire, no?
E da questa considerazione prendiamo l'abbrivio per descrivere i riti conviviali torinesi, antichi e importanti. La cucina locale è ricca ed elaborata; ciononostante, è profondamente radicata nel territorio. Nasce da un connubio fra l'origine contadina e le esigenze raffinate della corte sabauda, entrambe aperte alle influenze della cucina francese. A questa commistione si aggiungano quelle importate successivamente, a seguito dapprima della grande ondata di immigrati degli anni Sessanta e Settanta, provenienti dalle regioni del Mezzogiorno, che portò a Torino le tradizioni culinarie del Sud, e poi del più recente fenomeno migratorio dai Paesi extracomunitari, che ha determinato l'apertura di numerosi ristoranti etnici. I più diffusi in città sono i cinesi, indiani e mediorientali (soprattutto le gastronomie arabe e turche), ma vi sono locali che propongono la cucina spagnola, messicana, argentina, brasiliana, libanese, etiope e giapponese. Va notato che gli stranieri residenti a Torino costituiscono il 10% dell'intera cittadinanza.
Torino è considerata una delle città natali dell'aperitivo, che è un rito a cui dedicare pochi minuti come diverse ore, tanto da poter diventare il sostituto di una cena vera e propria. I buffet possono comprendere assaggi di pietanze fredde (come le verdure per una bagna càuda) o calde. L'aperitivo è esploso negli ultimi anni in questa forma ormai comune in tutto il Nord Italia, tuttavia nel capoluogo subalpino è in uso da molto tempo. In primo luogo è un'abitudine tradizionale piemontese la cosiddetta "marenda sinòira", ossia il pasto del tardo pomeriggio a base di salumi e formaggi, consumato durante le partite a carte o al ritorno da un'escursione in montagna, accanto a un buon bicchiere di vino rosso. In secondo luogo va ricordato che il vermouth fu inventato a

deviations from the general rule and does not tolerate disruption of the social peace. This, then, is the royal imprint that accounts for Nietzsche's praise for the "quiet aristocratic" quality impressed on everything in Turin.
It is likely that Nietzsche's admiration for France found an ideal outlet in Turin, anticipated by the words of his psychologist friend Paul Bourget, who described it to him as "the least Italian of all the cities of Italy". This echoes the opinion of Goldoni, who had noted the familiarity of the Turinese with the habits and customs of the French, whose language they spoke fluently. Turin's geographical position places it a crossroads in terms of influences. It belongs to "the Po Valley and Alps together," and has been subjected to a mélange of different kinds cultural conditioning that have left a unique and unmistakable imprint.
Perhaps it is the very structure of the city that leads locals to take on the characteristic earnest and brooding air that, according to Enrico Thovez, sets them apart, but the counter argument that it was the "square" mind set of the Turinese that influenced the urban conformity that is projected on the city is equally plausible.
Turin is also a city with a deeply "green" soul known for its eco-sustainability. To give just one example, Piazza Emanuele Filiberto (in the centre, in the Roman Quarter) is the site of Piedmont's first self-made vegetable garden. All those abundant chillies, tomatoes, basil, lettuce, plums apple must mean something, no?
With this in mind, let's turn our attention to Turin's ancient and important feasting rites. The local cuisine is rich and elaborate, and deeply rooted in the region. It has been shaped by combining recipes originating from peasant tradition and the refined needs of the Savoyard court, both of which have been influenced by French cuisine. Further ingredients have been added to this mixture through influences imported subsequently, first as a result of the large wave of immigrants from southern Italy in the 1960s and 1970s, which brought their own culinary traditions to Turin, and then the more recent migration from non-EU countries, which has led to many ethnic restaurants being opened. The most popular national cuisines found in the city are Chinese, Indian and Middle Eastern (mainly Arab and Turkish cuisines), but there are also venues offering Spanish, Mexican, Argentine, Brazilian, Lebanese, Ethiopian and Japanese cuisine. It should be noted that foreigners residing in Turin constitute 10% of the entire population.
Turin is considered one of the hometowns of the aperitif, a ritual that can last a few minutes or several hours, in the latter case becoming a substitute for a real dinner. The buffet served alongside the drinks may include samples of cold food (such as vegetables with a "bagna cauda", a typical hot dip from Piedmont) or hot dishes. The phenomenon of the aperitif has exploded in recent years, though the form in which it is now commonly known throughout northern Italy has been in use in the capital of Piedmont for a long time. First, Piedmont is home to a custom known as the "marenda sinoira", i.e. a late afternoon meal with cold meats and cheeses, eaten during card games or on the way back from a hike in the mountains, accompanied by a glass of red wine. Second, it must be remembered that vermouth was invented in Turin in 1786 by Antonio Benedetto Carpano, and this drink was made famous internationally by Martini & Rossi, another Turin-based firm. Furthermore, the first sandwich in Italy was made

▸ Casa Scaccabarozzi. "Fetta di polenta". Costruita nella seconda metà dell'Ottocento dall'Antonelli. La casa, a pianta trapezoidale, misura 16 m su via Giulia di Barolo, 4 m su Corso San Maurizio e 54 cm sul lato più corto.

Casa Scaccabarozzi. "Fetta di polenta" (Slice of Polenta). Built in the second half of the nineteenth century by Antonelli. The house has trapezoidal layout and measures 16 m on Via Giulia di Barolo, 4 m on Corso San Maurizio and 54 cm on the shortest side.

Conservare la bellezza, sfidare il tempo.

Torino nel 1786 da Antonio Benedetto Carpano, e tale bevanda fu resa nota a livello internazionale dalla Martini & Rossi, un'altra ditta torinese. Inoltre il primo tramezzino in Italia fu quello del bar Mulassano, nel 1925, importato come altre cose da Parigi.
Ma non di solo aperitivo vivono le originalità locali. Torino è un importante centro europeo per la produzione di cioccolato. Fu qui, infatti, che alla fine del XVIII secolo fu inventato il sistema per rendere il cioccolato solido, dato che fino ad allora veniva consumato esclusivamente come bevanda calda. In tal modo iniziò una vera e propria produzione industriale che da qui si diffuse in tutta Europa. Tipico cioccolatino, fra i simboli più noti della città, è il gianduiotto, inventato nel 1852. Un altro tipico prodotto torinese a base di cioccolato è il bicerin, bevanda a base di cioccolato, caffè e panna, inventata secondo la tradizione al caffè Al bicerin, uno dei più antichi della città. Oggi è prodotto, sempre a Torino, un liquore chiamato Bicerin, a base di crema di gianduia.
Con queste premesse, risulta evidente come – vieppiù nel suo nuovo look moderno e avveniristico – Torino sia anche una città in cui divertirsi. La notte è ormai regina anche qui. Intere zone sono rinate per offrire mille occasioni di vedersi, incontrarsi, ballare, far tardi. Il Quadrilatero Romano, ad esempio, oggi è il luogo ideale per chi ama ristoranti, enoteche, vinerie e molti altri tipi di locali che offrono l'occasione di un convivio di alta qualità. Ci sono pure i vicini quartieri di Borgo Dora e Porta Palazzo, di giorno grande mercato e di notte sempre più terra di creatività e movida; la zona, ricca di ristoranti e locali, esprime in pieno la multiculturalità e la multietnicità che sono i tratti caratteristici della Torino di oggi.
I Murazzi, ovvero le arcate che costeggiano il Po, un tempo utilizzati come ricovero delle barche, ora sono uno dei punti nevralgici della movida torinese: quando scende la notte, accendono la voglia di divertirsi attraverso una ricca proposta di serate live e dj set nei club e nei locali lungo il fiume. Ma anche il quartiere di San Salvario sta rapidamente diventando protagonista delle notti cittadine, grazie all'apertura di locali che si sono affiancati alla già ricca offerta di ristoranti e a un vivace programma di eventi.
Ma più in generale è tutta la città, anche la sua parte più tradizionale, a essersi abituata ad accogliere ospiti e turisti, e a "vivere" a qualsiasi ora del giorno e della notte: piazza Castello, piazza San Carlo, piazza Vittorio Veneto e piazza Bodoni sono ormai splendidi salotti pedonali a disposizione di tutti.

in the Mulassano Bar in 1925, having been imported from Paris, along with other things.
The local inventions do not stop at the aperitif, however. Turin is an important European centre for the production of chocolate. In fact, it was here that the system to make chocolate solid was invented at the end of the eighteenth century, and prior to that it had been consumed exclusively as a hot drink. Thus began a real industrial production that spread from throughout Europe. A very typical chocolate and one the best known symbols of the city is the gianduiotto, which was invented in 1852. Another speciality of Turin made from chocolate is bicerin, a drink made of chocolate, coffee and cream thought to have been invented at Caffe Al bicerin, one of the oldest in the city. Today also produces a liqueur called Bicerin, made from cream and gianduja.
Given this background, there can be little doubt that Turin is also a city to have fun in, especially with its new moderns and futuristic look. The night reigns supreme here. Entire neighbourhoods have been revived, offering thousands of opportunities to meet up, socialise, dance and stay up late. The Roman Quarter, for example, is the now perfect place for those who like restaurants, wine shops and wine bars, many other places offering an opportunity for high quality banqueting. There are also the neighbouring districts of Borgo Dora and Porta Palazzo, with a huge market by day but increasingly a land of creativity and nightlife after dark; with its many restaurants and clubs, this area fully represents the multiculturalism and multi-ethnicity characteristic of Turin today.
The Murazzi, the arcades lining the Po once used as a shelter for boats, are now one of the focal points of Turin nightlife: when night falls, the fun increases with a rich choice of live shows and DJ sets in the clubs and bars along the river. The district of San Salvario is also fast becoming a shining star of the city nights, with venues opening to add to the existing wide range of restaurants and lively programme of events.
But in general, the whole city, even its most traditional parts, is accustomed to welcoming guests and tourists, and "living" at any time of the day or night: Piazza Castello, Piazza San Carlo, Piazza Vittorio Veneto and Piazza Bodoni are now beautiful pedestrian gathering spots available to all.

◄ Via Garibaldi. Collega Piazza Statuto a Piazza Castello. È una delle vie principali del centro storico. Ricalca il Decumano della Torino romana, ed è una delle strade pedonali più lunghe in Europa.
Via Garibaldi. It connects Piazza Statuto to Piazza Castello. It is one of the main streets of the historic centre. It traces the outline of the origin Roman military camp, and is one of the longest pedestrian streets in Europe.

P. 34/35
Sacra di San Michele. Abbazia benedettina in stile romanico-gotico dedicata a San Michele. Le sue origini risalgono al X secolo. Si erge sul Monte Pirchiriano, all'inizio della Val di Susa.
Sacra di San Michele. A Benedictine abbey in Romanesque-Gothic style dedicated to St. Michael. Its origins date back to the tenth century. It is located on Monte Pirchiriano, at the beginning of the Val di Susa.

◂ Sacra di San Michele. L'ultima rampa di scale alla chiesa è sovrastata dagli imponenti contrafforti e archi rampanti aggiunti nei primi del Novecento per aumentare la stabilità strutturale dell'edificio.
Sacra di San Michele. The last flight of stairs to the church is dominated by the imposing buttresses and flying buttresses added in the early twentieth century to increase the structural stability of the building.

▴ Sacra di San Michele. Il complesso, fondato nell'XI secolo, deve le sue forme attuali ad interventi di epoche e stili diversi, l'ultimo dei quali tra la fine dell'Ottocento e l'inizio del Novecento.
Sacra di San Michele. Founded in the eleventh century, the complex owes its present form to interventions in different eras and styles, the last of which took place in the late nineteenth and early twentieth century.

◄ Reggia di Venaria. Gli splendidi giardini fanno da cornice alla reggia. Al centro, la Galleria Grande. La reggia fu edificata a partire dal 1658 come tenuta di caccia.

Palace of Venaria. The beautiful gardens frame the Palace. The palace was built at the centre of the Great Gallery in 1658 as a hunting lodge.

▲ Reggia di Venaria. La Citroniera. Oggi è il principale spazio espositivo nella reggia.

Palace of Venaria. The Citroniera (Lemon Grove). Today, it is the main exhibition space in the Palace.

▲ Reggia di Venaria. Ruderi del Tempio di Diana. Smantellato nel Settecento per un adeguamento del parco al gusto dell'epoca, è tornato alla luce nei restauri di inizio Duemila. Oggi le fondamenta sono inserite in un invaso circolare.

Palace of Venaria. Ruins of the Temple of Diana. Taken apart in the eighteenth century to adjust the park to the tastes of the time, it came to light once again during the restoration of the early millennium. Today its foundations are placed in a circular space.

► Reggia di Venaria. Resti della fontana di Ercole. Di aspetto imponente, fu edificata tra il 1669 e il 1692. Venne smantellata verso la metà del Settecento con la rimozione dei marmi decorativi.

Palace of Venaria. The remains of the fountain of Hercules. Notable for its imposing appearance, it was built between 1669 and 1692. It was dismantled in the mid-eighteenth century when the decorative marble was removed.

◄ Reggia di Venaria. Veduta d'insieme. La reggia dopo alterne vicende è giunta alla fine del XX secolo in stato di degrado. Un imponente progetto di ristrutturazione ha saputo riportare la reggia all'antico splendore.

Palace of Venaria. Overall view. After various events, the palace fell into a state of decay by the end of the twentieth century. A massive restructuring project has been able to restore the palace to its former glory.

▲ Venaria Reale. Particolare della chiesa di Sant'Uberto, è considerata uno dei capolavori dell'architettura barocca. La sua costruzione risale agli anni tra il 1716 e il 1729.

Venaria Reale. Detail of the church of Sant'Uberto, is considered one of the masterpieces of Baroque architecture. Its construction dates back to the years between 1716 and 1729.

◂ Basilica di Superga. Costruzione del Settecento di Juvarra, dedicata alla natività di Maria, per volere del re Vittorio Amedeo II. Ospita le tombe della famiglia reale.

Basilica di Superga. An eighteenth century construction designed by Juvarra for King Vittorio Amedeo II.
Dedicated to the Nativity of Mary, it is located in the tombs of the royal family.

▸ Basilica di Superga. Lapide commemorativa posta nel punto in cui nel 1949 si schiantò l'aereo del Torino Calcio con trentuno persone a bordo, tra cui i membri della squadra.

Basilica di Superga. A commemorative stone placed at the point where in 1949 the plane of the Torino Calcio football team crashed with thirty-one people on board, including the members of the team.

P. 46/47

Particolare della scalinata e del pronao della Basilica di Superga.

Detail view of the staircase leading to the pronaos of Superga.

▸ Basilica di Superga. L'altezza della basilica è di 75 m. La chiesa, a pianta circolare, è sormontata dalla cupola barocca e affiancata da due campanili simmetrici alti 60 metri. Sul retro si trova il convento dei padri dell'Ordine dei Servi di Maria.

Basilica di Superga. The basilica is 75 metres high. The church, which has a circular layout, has a Baroque dome and is flanked by two symmetrical towers 60 metres high. The convent of the fathers of the Order of Servants of Mary is located at the back.

P. 50/51

Castello di Moncalieri. Fortificazione medioevale a guardia del Po ampliata nel corso dei secoli. Il parco di circa 10 ettari si estende sulla porzione di collina retrostante al Castello.

Castle of Moncalieri. A medieval fortification to guard the Po that expanded over the centuries. The park covers about 10 hectares on the part of the hill behind the Castle.

◄ Stupinigi. Residenza settecentesca di caccia dei Savoia su progetto di Filippo Juvarra. Oggi proprietà della Fondazione Ordine Mauriziano.

Stupinigi A hunting residence from the eighteenth century that belonged to the Savoys and was designed by Filippo Juvarra. It now belongs to the Fondazione Ordine Mauriziano.

◄ Palazzina di Stupinigi, veduta notturna.
Stupinigi Palace, night view.

▲ Palazzina di Stupinigi. La pianta è a quattro bracci a croce di Sant'Andrea che partono dal salone centrale ovale, il cuore della struttura, sormontato dalla statua del "Cervo".
Stupinigi Palace. Its base shape has four arms in a St. Andrew's cross that start from the oval central hall, the heart of the structure, which is surmounted by the statue of the "Deer".

◂ Chiesa di Santa Giulia. Edificio religioso in stile neogotico completato nel 1866 durante i lavori di riqualificazione del borgo Vanchiglia. È tuttora l'edificio religioso più importante della zona.

Church of Santa Giulia. A religious building in neo-Gothic style completed in 1866 during the regeneration work on the town of Vanchiglia. It is still the most important religious building in the area.

▴ Vanchiglia. Nei pressi di Corso Regina Margherita sorge Largo Montebello, caratterizzato dalla pianta perfettamente circolare.

Vanchiglia. Largo Montebello is situated near Corso Regina Margherita and characterised by a perfectly circular layout.

▲ La chiesa della Madonna del Pilone, situata sulla sponda orientale del Po, è stata costruita nei pressi di un pilastro votivo risalente al 1587. La chiesa fu eretta in stile barocco nel 1645.

The church of Madonna del Pilone, located on the eastern bank of the river Po, was built near a votive pillar dating back to 1587. The church was built in Baroque style in 1645.

▶ Fiume Po. Passerella pedonale di Piazza Chiaves. Inaugurato nel 2005, è l'attraversamento più recente sul fiume.

The River Po. Piazza Chiaves footbridge. Opened in 2005, this is the most recent river crossing.

P1
DIPARTIMENTI
AULE

◄ Campus universitario Luigi Einaudi. Inaugurato il 22 settembre 2012, a servizio delle facoltà di giurisprudenza e scienze politiche. Si sviluppa attorno ad una grande piazza circolare.
È considerato tra i 10 migliori edifici universitari al mondo.

Luigi Einaudi Campus. Inaugurated on 22 September 2012, it serves the faculties of law and political science. It is built around a large circular piazza and considered one of the top 10 university buildings in the world.

◂ Mole Antonelliana. Con i suoi 168 metri è il secondo edificio per altezza della città, superata dalla Torre della Regione.

Mole Antonelliana. With its 168 meters the Mole is the second highest building in Turin afer the Regione Tower.

▸ Le ultime luci del giorno illuminano la Mole Antonelliana e gli edifici circostanti. Il simbolo della città si trova al limite settentrionale del centro storico, vicino a Via Po. Sullo sfondo i Giardini Reali

The last lights of the day illuminate the Mole Antonelliana and the surrounding buildings. The landmark is located on the northern edge of the historic centre, near Via Po. In the background the Royal Gardens

◄ La Mole. L'ingresso è caratterizzato da un pronao con colonne neoclassiche. La base della struttura, in muratura, è a pianta quadrata, sormontata dalla grande cupola al di sopra della quale si erge il "tempietto"; la guglia neoclassica è incoronata dalla stella a 12 punte. Simbolo architettonico torinese, fu eretta nella seconda metà dell'Ottocento su progetto di Alessandro Antonelli. Oggi ospita il Museo Nazionale del Cinema.

Mole Antonelliana. The entrance is characterised by a portico with neoclassical columns. The basic masonry structure has a square base with a large dome, on top of which is a "temple". Its neoclassical spire is crowned by a 12-point star. An architectural symbol of Turin. It was built in the second half of the nineteenth century and was designed by Alessandro Antonelli. Today it houses the National Museum of Cinema.

► La Mole. Veduta notturna. La cupola può essere illuminata di vari colori a seconda delle occasioni.

Mole Antonelliana. Night view. The dome can be lit up in different colours depending on the occasion.

P. 66/67

Particolare della Mole Antonelliana.
Il tempietto. Posto a un'altezza di circa 85 m è aperto al pubblico, regalando una visione a 360 gradi sul centro cittadino.

Detail of the Mole Antonelliana.
The small temple. Located at an altitude of about 85 m, it is open to the public and offers a 360-degree view of the city centre.

LO STATO VELENA
OCCUPA RESISTI

TOMMY HILFIGER

◄ Piazza Vittorio Veneto. La piazza si affaccia sul Po ed è circondata sui tre lati da portici. Un lungo camminamento che parte dal Palazzo Reale consentiva al Re di raggiungere il fiume al coperto, anche durante le giornate di pioggia.

Piazza Vittorio Veneto. The square overlooks the Po and is surrounded on three sides by porticoes. The long walkway that starts from the Royal Palace allowed the King to reach the river under cover, even during rainy days.

P. 70/71

Piazza Vittorio Veneto. La piazza è un importante punto di ritrovo per torinesi e non. In occasione delle Olimpiadi invernali del 2006 è stata completamente rinnovata con la costruzione di un posteggio sotteraneo.

Piazza Vittorio Veneto. The square is an important meeting point for both locals and guests to Turin. On the occasion of the 2006 Winter Olympics it was completely renovated and an underground car park was built.

Primo volo per me.
Primo volo per Mr. Robot.
Prossimo volo: prestissimo.
Sempre ospiti, mai solo passeggeri
Nonstop you
Lufthansa
LH.com

▲ Piazza Vittorio Veneto. La vita notturna di Torino passa anche da qui. Sulla piazza sorgono numerosi locali, punti di ritrovo per tutti i torinesi.

Piazza Vittorio Veneto. The nightlife in Turin also passes through here. On the square there are several local meeting places for all the people of Turin.

▸ Piazza Vittorio Veneto. Nella foto si può vedere l'asse viario che congiunge la chiesa della Gran Madre di Dio a Piazza Castello, passando per la piazza e via Po.

Piazza Vittorio Veneto. In the picture you can see the road that connects the church of the Gran Madre di Dio to Piazza Castello, passing through the square and Via Po.

Primo volo per Mr. Robot.

ORDO · POPVLVSQVE · TAVRINVS · OB · ADVENTVM · REGIS

◄ Gran Madre di Dio. Veduta notturna. La chiesa, in stile neoclassico, fu costruita nella prima metà dell'Ottocento ad opera dell'architetto Ferdinando Bonsignore. Fu eretta per celebrare il ritorno di Vittorio Emanuele I dalle guerre napoleoniche.

Night view of Gran Madre di Dio. This neoclassical style church was built in the first half of the nineteenth century by the architect Ferdinando Bonsignore. It was built to celebrate Vittorio Emanuele I's return from the Napoleonic wars.

P. 76/77

Gran Madre di Dio illuminata dalla calda luce del tramonto. La maestosa scalinata esterna conduce al pronao esastilo. Di fronte alla struttura sorge la statua intitolata al re Vittorio Emanuele I. Ai lati della gradinata sono presenti le due statue dedicate alla Religione e alla Fede.

Gran Madre di Dio illuminated by the warm light of sunset. The majestic external staircase leads to the hexastyle porch. On the front of the structure there is a statue dedicated to King Vittorio Emanuele I. At the sides of the stairs there are two statues dedicated to religion and faith.

ORDO·POPVLVSQV

TAVRINVS · OB · ADVENTVM · REGIS

▲ Particolare dei Murazzi. Vennero costruiti per proteggere il centro di Torino dalle piene del Po e come approdo per le barche. Oggigiorno rappresentano uno dei luoghi della movida torinese.

Detail of the Murazzi. They were built to protect the centre of Turin against the Po flooding and as a landing place for boats. Today it is one of the high spots of Turin's nightlife.

► Sede della Società Canottieri Esperia. Costruita sulla riva orientale del fiume ed inaugurata negli anni Venti. Oggi ospita la Società dei Canottieri Esperia, fondata nel 1886.

Headquarters of the Esperia Rowing Club. It was built on the east bank of the river and inaugurated in the 1920s. Today it houses Esperia Rowing Club, which was founded in 1886.

◄ Villa della Regina. Villa seicentesca; il progetto fu affidato a Vitozzi dal Cardinale Maurizio di Savoia.
Sorge in posizione dominante sulla collina torinese.

Villa della Regina. A seventeenth century villa, the design of which was entrusted to Vitozzi by Cardinal Maurizio of Savoy. It is located in a dominant position on the hills of Turin.

► Veduta panoramica di Villa della Regina che guarda verso la città. La struttura è immersa in uno scenografico parco geometrico all'italiana disposto su diversi livelli e impreziosito da fontane, grotte, sculture, balaustre in pregiato marmo e dal padiglione dei Solenghi.

Panoramic view of Villa della Regina overlooking the city. The property is surrounded by a spectacular Italian-style geometric park arranged on different levels and embellished with fountains, grottoes, sculptures, fine marble balustrades and the Solenghi pavilion.

▲ Particolare del Belvedere Superiore. Fontana del Mascherone. La sua Cascatella della Naiada porta l'acqua alle fontane sottostanti.

Detail of the upper Belvedere. Mascherone Fountain. Its "Naiad waterfall" brings water to the fountains below.

▶ Villa della Regina. La struttura è composta di un corpo centrale e due padiglioni laterali. La doppia scala che abbraccia la fontana delle divinità del fiume, conduce all'ingresso principale.

Villa della Regina. The structure is composed of a main building and two pavilions at the sides. The dual staircase that embraces the fountain of the river deities leads to the main entrance.

▲ Santa Maria del Monte. Veduta notturna. A destra, il Museo Nazionale della Montagna.
Santa Maria del Monte. Night view. To the right is the National Mountain Museum.

▶ Monte dei Cappuccini. La chiesa di Santa Maria del Monte, affidata ai frati cappuccini, fu consacrata nel 1656. Custodisce le reliquie di San Botonto e le spoglie di Sant'Ignazio da Santhià.
Monte dei Cappuccini. The church of Santa Maria del Monte, entrusted to the Capuchin friars, was consecrated in 1656. It houses the relics of San Botonto and the remains of Sant'Ignazio da Santhià.

◂ Monte dei Cappuccini. Veduta d'insieme. Chiesa di Santa Maria del Monte, il Convento e il Museo Nazionale della Montagna.

Monte dei Cappuccini. Overall view. The Church of Santa Maria del Monte, the Convent and the National Mountain Museum.

◂ Particolare di Piazza Carlo Emanuele II. Al centro, il monumento dedicato a Cavour.
Detail of Piazza Carlo Emanuele II. The monument to Cavour is in the centre.

▴ Piazza Carlo Emanuele II. Veduta notturna. A pianta quadrata, è una delle più importanti piazze del centro. La sua costruzione è datata intorno al XVII secolo.
Night view. Piazza Carlo Emanuele II. It has a square layout and is one of the most important piazzas in the centre. Its construction dates back to around the seventeenth century.

▲▶ Piazza Castello. I mirabolanti numeri degli artisti di strada diventano momento di aggregazione.
Piazza Castello. The amazing number of street artists cause crowds to gather round.

◄ Monumento dedicato a Emanuele Filiberto duca d'Aosta in Piazza Castello. Realizzato negli anni Trenta da Eugenio Baroni.

A monument dedicated to Emanuele Filiberto, Duke of Aosta, in Piazza Castello. It was constructed in the 1930s by Eugenio Baroni.

P. 94/95

Piazza Castello. Al centro, Palazzo Madama, davanti a cui è posto il monumento dell' "Alfiere dell'esercito sardo".

Piazza Castello. Palazzo Madama is in the centre, in front of the building stands the statue of "Standard-bearer of the Sardinian army".

Conservare la bellezza, sfidare il tempo. FONDAZIONE CRT

◂ Veduta notturna di Piazza Castello. Al centro, Palazzo Madama. In sfondo da sinistra, il Teatro Regio, Via Giuseppe Verdi e Via Po.

Night view of Piazza Castello. Palazzo Madama is in the centre; in the background, from left to right there is Teatro Regio, Via Giuseppe Verdi and Via Po.

▲ Via Roma. Una delle più importanti vie della città; collega Piazza Castello alla Stazione Porta Nuova.
Via Roma, one of the city's most important streets; connect Piazza Castello to Porta Nuova Station.

► Veduta notturna dell'antica porzione medioevale di Palazzo Madama.
Night view of the historic part of Palazzo Madama from the Middle Ages.

P. 100/101

Palazzo Reale al tramonto. In alto a sinistra, la Cattedrale di San Giovanni Battista, il Duomo, con la Cappella della Sacra Sindone di Guarini, che custodisce il Sacro Telo.
The Royal Palace at sunset. At the top left is the Cathedral of San Giovanni Battista, the Duomo, with the Chapel of Sacra Sindone di Guarini, where the Holy Shroud is kept.

▸ Palazzo Reale, veduta notturna.
Night view of the Royal Palace.

◂ Particolare della chiesa di San Lorenzo. L'imponente cupola seicentesca in stile barocco a pianta ottagonale, è opera del Guarini, il suo diametro si avvicina a quello della pianta della chiesa.

Detail of the church of San Lorenzo. The imposing baroque seventeenth-century dome with an octagonal base was the work of Guarini, and its diameter is close to that of the base of the church.

▴ Via Palazzo di Città. Veduta notturna. Collega Piazza Castello al Palazzo Civico, sede dell'amministrazione comunale.

Via Palazzo di Città. Night view. It connects Piazza Castello to the Palazzo Civico (Town Hall), the seat of the municipal administration.

▲ Teatro Regio. È il teatro più importante di Torino. Voluto da Carlo Emanuele III, fu inaugurato nel 1740. Distrutto nel 1936 da un incendio, deve l'aspetto attuale ai lavori ultimati nel 1973.

Teatro Regio. The most important theatre in Turin. It was commissioned by Carlo Emanuele III and inaugurated in 1740. It was destroyed by fire in 1936 and owes its current look to the works completed in 1973.

▶ Torre Littoria. Costruzione in stile razionalista. Con i suoi 19 piani e 109 m di altezza fu il primo grattacielo della città. Oggi comprende appartamenti residenziali e uffici.

Littoria Tower. A construction in rationalist style. Measuring 109 metres high with 19 floors, it was the first skyscraper in the city. It now includes residential apartments and offices.

REALE MUTUA

◄ Porta Palatina. L'antica porta romana, risalente al I secolo a.C., consentiva l'accesso a Torino da nord. È oggi composta da un corpo centrale lungo 20 m affiancato da due torri a sedici lati, alte circa 30 m.

Porta Palatina. This ancient Roman gate, which dates back to the first century BC, allowed access to the city from the north. It now consists of a 20 metre long central body flanked by two sixteen-sided towers that are around 30 metres high.

▲ Monumento Nazionale al Carabiniere. Eretto nel 1933 in onore dei militari della prestigiosa arma, fu danneggiato durante il secondo conflitto mondiale e ripristinato nel 1948.

National Monument to the Carabiniere. Erected in 1933 in honour of the prestigious military corps, it was damaged during the Second World War and restored in 1948.

▸ Resti del Teatro Romano.
Il sito archeologico è situato nei pressi della Cattedrale. Il teatro risale al I secolo AC, sotto il regno di Augusto.

Remains of the Roman Theatre. The archeological site is located near the Cathedral. The theater dates back to the first century BC under Augustus.

P. 112/113

Duomo. L'edificio è situato in Piazza San Lorenzo nei pressi del sito archeologico del Teatro Romano. La struttura, inaugurata nel Cinquecento, è composta da tre navate con pianta a croce. Nel Seicento venne aggiunta la cappella della Sacra Sindone che congiunge il Duomo al Palazzo Reale. A sinistra svetta la torre campanaria di Sant'Andrea in stile romanico.

The Duomo. The building is located in Piazza San Lorenzo near the archaeological site and the Roman Theatre. The building was inaugurated in the sixteenth century and has three naves with cross-shaped plan. In the seventeenth century the Chapel of the Sacra Sindone (Holy Shroud) was added, connecting the Duomo to the Royal Palace. The Romanesque style Sant'Andrea bell tower is on the left.

TORINO
EUROPA

◄ Piazza Palazzo di Città. La piazza, di origine medioevale, era chiamata Piazza delle Erbe.

Piazza Palazzo di Città. The square, of medieval origin, was once called The Herb Square.

▲ Palazzo di Città. Veduta notturna. L'edificio risale al Seicento ed è la sede del comune di Torino.

Night view of Palazzo di Città. The building dates back to the seventeenth century and currently serves as the Turin City Hall.

P. 116/117

Particolare della copertura della Galleria San Federico. Edificata negli anni Trenta sorge in via Roma. Ospita prestigiose attività commerciali e studi di professionisti.

Detail of the roof of the Galleria San Federico [Saint Frederick Gallery]. Built in the thirties years, this building in Via Roma houses prestigious commercial businesses and professional offices.

◄ Piazza San Carlo, chiese gemelle. Da sinistra la chiesa di Santa Cristina e quella di San Carlo.

Piazza San Carlo twin churches. On the left, the Chiesa di Santa Cristina, flanked by the Chiesa di San Carlo.

▲ Piazza CLN. La piazza è caratterizzata da due fontane, che raffigurano i fiumi di Torino, il Po e la Dora.

Piazza CLN. The square is characterized by two fountains depicting rivers around Turin, the Po and the Dora.

JOANNA BAPTISTA REGIS

◂ Veduta notturna delle chiese di Santa Cristina e San Carlo, in piazza San Carlo. Il progetto di dotare la piazza di due chiese gemelle risale al Seicento, ma il loro completamento arrivò solo nel secolo successivo.

Night view of the Santa Cristina and San Carlo churches, Piazza San Carlo. Twin churches on the square were projected in the seventeenth century. However, they were erected only during the following century.

▲ Particolare di Piazza San Carlo. Al centro della piazza sorge il monumento equestre di Emanuele Filiberto, opera di Marocchetti eretto nell'Ottocento.

Detail of Piazza San Carlo. The centre of the square is dominated by an equestrian statue of Emanuele Filiberto, a nineteenth century work by Marocchetti.

▶ Piazza San Carlo. La piazza fu realizzata nella prima metà del Seicento dall'architetto Carlo di Castellamonte. Tra i suoi portici si trovano importanti locali, café, empori e boutiques.

Piazza San Carlo. The square was laid out in the first half of the seventeenth century by the architect Carlo di Castellamonte. Important stores and boutiques are located in the arcades fronting the square.

◂ Veduta d'insieme. Palazzo Carignano; la struttura barocca, caratterizzata da mattoni a vista, fu costruita nel Seicento da Guarini. Qui ebbe sede il primo parlamento del Regno d'Italia. Oggi ospita il Museo Nazionale del Risorgimento Italiano. Il palazzo si affaccia sull'omonima piazza sulla quale sorge il monumento a Vincenzo Gioberti. In alto a destra, l'entrata del Museo Egizio, il secondo più grande al mondo dopo il Cairo.

Overall view. Palazzo Carignano, a baroque palace characterized by its exposed brick, was built in the seventeenth century by Guarini. It was the seat of the first Parliament of the Kingdom of Italy. The building overlooks the square with its monument to Vincenzo Gioberti. It currently houses the National Museum of the Italian Risorgimento. Top right, the entrance to the Egyptian Museum, the second largest in the world after Cairo.

P. 126/127

Veduta notturna. La facciata nuova di Palazzo Carignano fu costruita alla fine del Seicento da Baroncelli. Si affaccia su Piazza Carlo Alberto al centro della quale si erge il monumento equestre intitolato al re Sabaudo.

Night view. The new facade of Palazzo Carignano was built in the late seventeenth century by Baroncelli. It overlooks Piazza Carlo Alberto, at the centre of which stands an equestrian monument dedicated to the King of Savoy.

◂ Veduta panoramica del quartiere Borgo Nuovo, al centro il Museo delle Scienze Naturali.

Panoramic view of the Borgo Nuovo district, in the centre the Natural Science Museum.

P. 130/131

Veduta panoramica di Piazza Bodoni. A destra, il Conservatorio Giuseppe Verdi, costituito negli anni Trenta. A sinistra, il Palazzo Pomba.

Panoramic view of Piazza Bodoni. On the left, Palazzo Pomba. To the right, the Giuseppe Verdi Conservatory, constructed in the 1930s.

▸ Museo delle Scienze Naturali. Ospitato nell'edificio seicentesco dell'ex nosocomio San Giovanni Battista, fu istituito nel 1978. Ha uno spazio espositivo di 1.000 mq circa.

Natural Science Museum. Established in 1978, it is housed in the seventeenth century building of the former hospital of San Giovanni Battista, where it boasts 1,000 square metres of exhibition space.

◄ Chiesa di San Filippo Neri. La chiesa è l'edificio di culto più grande di Torino. La sua costruzione durò dal 1675 al 1730, la facciata neoclassica risale invece al 1823.

Chiesa di San Filippo Neri. The church is the largest religious building in Turin. Construction began in 1675 and was finalised in 1730, its neo-classical facade dates back to 1823.

► Piazza Carlo Felice. Fu costruita nell'Ottocento. Al centro della piazza sorge il Giardino Sambuy che custodisce piante rare oltre che le statue di Sambuy, De Amicis e Massimo d'Azelio.

Piazza Carlo Felice. The square was laid out in the nineteenth century. At its centre are the Sambuy gardens housing rare plants as well as statues of Sambuy, De Amicis and Massimo d'Azeglio.

P. 136/137

Facciata della stazione di Porta Nuova. È il principale terminal ferroviario della città ed è operativo dal 1864. Recentemente ha subito un'ampia ristrutturazione per adeguarsi alle nuove esigenze del traffico ferroviario e dell'alta velocità.

Facade of Porta Nuova railway terminal. It is the main railway station in the city and has been operational since 1864. It has recently undergone extensive restructuring to adapt to the new requirements of rail and high-speed traffic.

P

◂ Monumento a Vittorio Emanuele II. Sito al centro di Largo Vittorio Emanuele II. Costruito in bronzo e granito nel XIX secolo dall'architetto Piero Costa.

Monument to Vittorio Emanuele II. Located in the centre of Largo Vittorio Emanuele II. A nineteenth century construction of bronze and granite by the architect Piero Costa.

▴ Corso Vittorio Emanuele II. Intitolata al primo re d'Italia, questa strada, lunga 4 km, che da Corso Francia porta al Po, passando per la stazione di Porta Nuova, è una delle principali arterie di Torino.

Corso Vittorio Emanuele II. Named after the first king of Italy, this 4 km long street from Corso Francia to the Po river, passing the Porta Nuova station, is one of Turin's main arteries.

◄ Piazza Savoia. Con i suoi 21 m, l'obelisco ottocentesco di Baveno svetta al centro della piazza. Oggi la piazza è uno dei punti della movida torinese.

Piazza Savoia. A 21 metre tall, nineteenth century obelisk of Baveno granite stands at the centre of the square. Today the square is one of Turin's main nightlife spots.

▲ Palazzo Saluzzo di Paesana. Il Palazzo di edificazione settecentesca si distingue per lo sfarzo dei decori e per un imponente cortile interno.

Palazzo Saluzzo of Paesana. This eighteenth century palace stands out for the magnificence of its decorations and impressive courtyard.

◂ Particolare della chiesa barocca di San Tommaso. L'antico luogo di culto sorge in via Pietro Micca, a pochi passi da Piazza Castello.

Detail View of the Baroque Church of San Tommaso. This anciet place of worship il located in Via Pietro Micca, a few steps away from Piazza Castello.

▸ Basilica Mauriziana. Edificata a partire dal Cinquecento su un preesistente luogo di culto, ha subito numerosi rimaneggiamenti, il più importante nel Seicento con l'aggiunta dell'imponente cupola.

Basilica Mauriziana. Built in the sixteenth century on a pre-existing place of worship, this Basilica has undergone many changes, the most important of which was the seventeenth century addition of the imposing dome.

▲ Via Pietro Micca. Costruita verso la fine dell'Ottocento, collega Piazza Castello con Piazza Solferino. L'architettura lungo la via è in stile eclettico. In primo piano, la chiesa di San Tommaso.

Via Pietro Micca. Laid out in the late nineteenth century, it connects Piazza Castello with Piazza Solferino, flanked on both sides by an eclectic architecture. In the foreground, the Chiesa di San Tommaso.

▶ Piazza Solferino. Importante piazza del centro storico. Su di essa sorgono la fontana Angelica e il monumento equestre dedicato a Ferdinando di Savoia-Genova.

Piazza Solferino. This Piazza is an important square in the old city centre. The fontana Angelica and an equestrian monument dedicated to Prince Ferdinand, Duke of Genoa, belong to its highlights.

▲ Chiesa della Madonna del Carmine. Particolare della torre campanaria e dell'abside. La chiesa fu seriamente danneggiata da un bombardamento nel 1943 e restaurata nel 1955.

Chiesa della Madonna del Carmine. Detail of the bell tower and apse. The church was badly damaged by bombing in 1943 and restored in 1955.

▶ Basilica del Corpus Domini. Situata a pochi passi da Piazza Castello, è uno degli edifici religiosi più importanti di Torino. Fu edificata in stile barocco nel XVII secolo.

Basilica of Corpus Domini. Just steps from Piazza Castello, this is one of the most important religious buildings in Turin. It was built in Baroque style in the seventeenth century.

◀ Archivio di Stato. Ha sede dal 1925 nell'antico ospedale San Luigi. L'edificio è stato costruito all'inizio dell'800. Subì ingenti danni durante la Seconda Guerra Mondiale.

The State Archives have been established since 1925 in the ancient San Luigi hospital. The building was built in the early '800, and suffered considerable damage during the Second World War.

▶ Chiesa della Santissima Trinità. Edificata tra la fine del Cinquecento e l'inizio del Seicento, si presenta oggi con la maestosa cupola incompleta che la sovrasta. La chiesa fu gravemente danneggiata dai bombardamenti del 1943, restaurata successivamente, ma senza il ripristino dei fregi andati distrutti.

Chiesa della Santissima Trinità. Built between the late sixteenth and early seventeenth century, it is crowned by a majestic but incomplete dome. The church was badly damaged by bombing in 1943. The restoration of the church did not include a replacement of destroyed frescos.

◂ Particolare degli edifici intorno a Piazza Emanuele Filiberto. La zona del Quadrilatero Romano è il centro di ritrovo della Torino serale. La zona è ricca di locali e ristoranti.

Detail of the buildings around Piazza Emanuele Filiberto. The area of the Quadrilateral Romano is a popular evening gathering spot for the Turinese. The area is rich in local restaurants.

P. 152/153

Panoramica del Quadrilatero Romano.

Panoramic view of the Roman Quarter.

▲ Santuario della Consolata. È uno degli edifici sacri più antichi di Torino. Le sue origini sono di epoca paleocristiana, ma l'aspetto attuale è barocco, stile di cui è uno dei massimi esempi torinesi.

Santuario della Consolata [Sanctuary of the Virgin of the Consolation]. This is one of the oldest religious buildings in Turin. Its origins date back to the early Christian era, but its present appearance is one of the best examples of Baroque in Turin.

▸ Santuario della Consolata. Veduta notturna con l'illuminazione che ne esalta le forme. Sul pronao è incisa la scritta latina "CONSOLATRIX AFFLICTORUM" da cui ne deriva il nome.

Santuario della Consolata. Night view of the illumination demonstrating the building's beauty. The pronao bears the Latin inscription "CONSOLATRIX AFFLICTORUM" from which it derives its name.

◄ Chiesa dei Santissimi Martiri. La chiesa gesuita, fu edificata a cavallo tra i secoli XVI e XVII. Danneggiata durante l'assedio Franco-Spagnolo del 1706, fu restaurata con l'aggiunta della cupola.

Chiesa dei Santissimi Martiri. A Jesuit church, built at the turn of the sixteenth and seventeenth centuries. Damaged during the Franco-Spanish siege of 1706, it was restored with the addition of the dome.

▲ Chiesa di San Dalmazzo. Risalente a prima dell'anno Mille, la chiesa è uno dei luoghi di culto più antichi della città. L'aspetto attuale risale ai lavori del Settecento, quando fu edificata la facciata.

Chiesa di San Dalmazzo. Dating back to before the year one thousand, the church is one of the oldest places of worship in the city. Its present appearance dates back to the work of eighteenth century, during which the facade was added.

▸ Basilica di Santa Maria Ausiliatrice.
Il santuario fu costruito nel XIX secolo per volere di San Giovanni Bosco. Sulla maestosa cupola si erge la statua Mariana, opera di Camillo Boggio. Al suo interno, a navata unica e decorato in marmo pregiato, sono custodite le spoglie di San Giovanni Bosco.

Basilica di Santa Maria Ausiliatrice. The sanctuary was built in the nineteenth century by Saint Giovanni Bosco. The majestic dome features the Mariana statue by Camillo Boggio. Inside, a unique nave and marble tile decorations house the remains of Saint Giovanni Bosco.

State allegri! Dio vi ama!

◄ Piazza della Repubblica. Veduta notturna. È il cuore di Porta Palazzo e, con una superficie di circa 50.000 mq, è la più estesa della città.

Piazza della Repubblica. Night view. The square is the heart of Porta Palazzo and at about 50,000 square metres is the largest in the city.

▲ Porta Palazzo. Sulla piazza si svolge il mercato all'aperto più grande d'Europa. È un luogo d'attrazione che il sabato, con il mercatino dell'usato del Balon, accoglie visitatori provenienti da tutta Italia.

Porta Palazzo. The largest outdoor market in Europe is held here. On Saturdays, the Balon flea market welcomes visitors from all over Italy.

▲ Porta Palazzo. Particolare del mercato che si tiene quotidianamente in Piazza della Repubblica.
Porta Palazzo. A view of the daily market at Piazza della Repubblica.

► Balon. Il famoso mercatino dell'usato e dell'antiquariato che settimanalmente si svolge per le strade del quartiere Aurora.
Balon. The famous weekly antiques and flea market takes place on the streets in the Aurora area.

◄ Piazza Statuto. Fu progettata nel XIX secolo sull'asse di via Garibaldi dall'architetto Bollati. Di ampia superficie e di forma simmetrica, è circondata dai peculiari edifici con ampi porticati.

Piazza Statuto. The square was designed in the nineteenth century on the axis of Via Garibaldi by the architect Bollati. Wide and symmetrical in form, it is surrounded by unusual buildings with large arcades.

▲ Piazza Statuto. Monumento commemorativo al traforo del Frejus. Fu inaugurato nel 1879. Un Genio alato sovrasta i Titani sconfitti, a simboleggiare il trionfo della ragione sulla forza bruta.

Piazza Statuto. A monument commemorating the Frejus tunnel. Inaugurated in 1879. A winged Genius, overlooking the defeated Titans, symbolises the triumph of reason over brute force.

◂ Casa a Crescent, a mezza luna. Esempio di architettura in stile liberty in zona Crocetta.

Casa a Crescent (Half Moon House). An example of Liberty style architecture at Crocetta.

▸ Vicolo Crocetta. Particolare del mercato quotidiano. Istituito agli inizi del Novecento, è uno dei principali mercati cittadini.

Vicolo Crocetta. Detail of the daily market. Established at the beginning of the twentieth century, it is one of the city's most important markets.

◄ Chiesa di San Massimo. Edificata alla metà dell'Ottocento, si presenta in stile neoclassico. La facciata è dominata da uno slanciato pronao a quattro colonne doriche. La chiesa è caratterizzata anche da un'imponente cupola.

Chiesa di San Massimo. The church was built in the mid-nineteenth century in neoclassical style. The facade is dominated by a slender pronao with four Doric columns. An imposing dome is another feature.

► Tempio Israelitico. Costruzione in stile neo-moresco progettata da Petiti alla fine dell'Ottocento per volere della comunità ebraica.

Tempio Israelitico (Jewish temple). The Neo-Moorish building was designed by Petiti at the end of the nineteenth century at the request of the Jewish community.

◄ Grattacielo Lancia. Progettato nel 1953, fu la sede della casa automobilistica Lancia sino alla fine degli anni Sessanta.

Lancia skyscraper. Designed in 1953, it was the seat of the car manufacturer Lancia until the end of the sixties.

► Particolare della fontana Igloo di Merz, uno dei simboli della circoscrizione 3. È costruita con lastre in pietra sulle quali sono apposte insegne a neon che indicano i punti cardinali.

Detail of the Igloo di Merz fountain. One of the symbols of the district III. The stone slabs of the building are affixed with neon signs indicating the cardinal points.

▲ Galleria Civica d'Arte Moderna e Contemporanea (GAM). L'attuale sede fu inaugurata nel 1959. Custodisce oltre 40.000 opere; ospita la Biblioteca d'Arte e l'Archivio Fotografico dei Musei torinesi.

Galleria Civica d'Arte Moderna e Contemporanea (GAM) (Public Gallery for Modern and Contemporary Art). The current seat of the collection was inaugurated in1959. It houses more than 40,000 works, the Art Library and the photo archives of Turin's Museums.

▶ La centrale di termoriscaldamento di Corso Ferrucci è inserita nel contesto urbano attraverso accattivanti forme metalliche. Torino è servita dalla rete di teleriscaldamento più estesa d'Italia.

The central heating installation at Corso Ferrucci has been inserted within its urban context through the use of eye-catching metal forms. Turin is served by the largest district heating network in Italy.

POTAIN

Torino Porta Susa
TAXI

◂ Stazione Porta Susa. Inaugurata nel 2013, vuole essere una reinterpretazione moderna delle gallerie urbane e delle stazioni italiane dell'Ottocento.

Porta Susa Station. Inaugurated in 2013, it is intended as a modern reinterpretation of Italian nineteenth century urban tunnels and stations.

▸ Stazione Porta Susa. La spettacolare struttura semicilindrica è costruita in acciaio e vetro, è lunga 385 metri, larga 30, con un'altezza che varia dai 13 ai 19 metri. Sulla destra il quartiere Cit Turin.

Porta Susa Station. The spectacular semi-cylindrical structure is made of steel and glass, it is 385 metres long, 30 wide, ranging from 13 to 19 metres in height. On the right the district Cit Turin.

◄ In primo piano, il grattacielo di Intesa San Paolo e la nuova Stazione Porta Susa.

In the foreground, the Intesa San Paolo skyscraper and the new Porta Susa station.

P. 178/179

Veduta panoramica sulla Spina Centrale attraversata da Corso Castelfidardo. Al centro, il Politecnico, università pubblica con corsi di ingegneria e architettura.

Panoramic view of the Spina Centrale, a north-south development along the ex-railway tracks, crossed by Corso Castelfidardo. A Polytechnic public university with courses in engineering and architecture forms the centre.

◄ Grattacielo Intesa San Paolo. Progetto dell'architetto Renzo Piano. Gli spazi, di circa 65.000 mq, sono in parte destinati ad uffici della banca ed in parte aperti al pubblico.

Intesa San Paolo skyscraper. Designed by architect Renzo Piano. The spaces of approximately 65,000 square metres are in part dedicated to bank use and in part open to the public.

▲ Isolato residenziale nei pressi di corso Vittorio Emanuele II.

Residential block near Corso Vittorio Emanuele II.

◂ Veduta panoramica all'alba. A sinistra, il Grattacielo Intesa San Paolo che con i suoi 37 piani e 167 metri è la terza costruzione più alta della città dopo il Grattacielo della Regione e la Mole Antonelliana.

Panoramic view at dawn. On the left, the Intesa San Paolo skyscraper with its 37 floors and 167 metres is the third tallest building in the city after the Regione Piemonte Tower and the Mole Antonelliana.

P. 184/185

Particolare del Grattacielo Intesa San Paolo. I vetri del grattacielo riflettono i palazzi della città creando trame astratte.

Detail of the Intesa San Paolo skyscraper. The glass skyscraper reflects the city's buildings, creating abstract patterns.

◄ Officine Grandi Riparazioni. Complesso ottocentesco con pianta ad H. L'ingresso si affaccia sul Cortile Rosso; sul retro sorge il Giardino Verde. Un tempo era uno stabilimento per la manutenzione di veicoli ferroviari; oggi, con i suoi 20.000 mq di superficie, è utilizzato come centro didattico ed espositivo.

Officine Grandi Riparazioni. A nineteenth century complex built in a H form. The entrance faces the Red Courtyard, to the rear there is the Green Garden. Once a factory for the maintenance of railway vehicles, today its 20,000 square metres are used as an educational centre and exhibition site.

► Nostra Signora del Suffragio e Santa Zita. Chiesa costruita in stile neoromanico nel 1886 per volere di Francesco Faà di Bruno. Il campanile misura 83 metri di altezza.

Nostra Signora del Suffragio e Santa Zita. A church commissioned by Francesco Faa di Bruno and built in neo-Romanesque style in 1886.
The bell tower is 83 metres high.

P. 188/189

Le Nuove. Ex complesso carcerario attivo sino alla fine degli anni Ottanta, ospita oggi il Museo del Carcere.

Le Nuove. A former prison complex active until the end of the eighties, it now houses the Museo del Carcere (Prison Museum).

◂ Parco Ruffini. Con una superficie di 130.000 mq, è il polmone verde del quartiere Pozzo Strada. Propone diverse attività ricreative ed è un punto di riferimento sportivo grazie al Palazzetto dello sport e allo Stadio di atletica.

Parco Ruffini. With an area of 130,000 square metres, this is the green lung of the Pozzo Strada district. Offering various recreation activities, the sports stadium and sports hall make it a point of reference for athletes.

◄ Chiesa del Santo Volto. Edificata durante i lavori di riqualificazione della "Spina 3". Ha pianta poligonale ed è composta da sette torri alte 35 m alle quali si affianca il campanile ricavato da una ciminiera.

Chiesa del Santo Volto. Built during the redevelopment work of the "Spina 3", this polygonal church is composed of seven 35 metre high towers flanked by a bell tower made from a former smokestack.

▲ Area residenziale risultato dei lavori di riqualificazione post-industriale dell'area di Parco Dora.

A residential area resulting from the recuperation of a post-industrial redevelopment area of Parco Dora.

▸ Veduta panoramica del quartiere Mirafiori. Al centro, la sede della Fiat, il complesso industriale automobilistico più grande di Torino attivo dal 1939.

Panoramic view of the Mirafiori district. At the centre of the Fiat headquarters, the largest industrial car-making complex in Turin, active since 1939.

P. 196/197

Particolare della copertura dei capannoni industriali della Fiat di Mirafiori.

Detail of the roofs of Fiat Mirafiori industrial sheds.

▲ Stazione Porta Nuova. Edificata nella seconda metà dell'Ottocento; è la terza stazione più grande d'Italia. Al terminal confluiscono venti binari tronchi. Quotidianamente vi transitano più di 300 treni.

Stazione Porta nuova. Built in the second half of the nineteenth century, this is the third largest station in Italy. Twenty track lines join to form the platform area. More than 300 trains arrive daily.

▶ Particolare del deposito locomotive di Torino Smistamento. Inaugurato nel 1911, è stato il primo grande impianto realizzato dopo la fondazione delle Ferrovie dello Stato.

Detail of the Turin locomotive sorting depot. Opened in 1911, it was the first large plant after the founding of the State Railways.

◄ Grattacielo Regione Piemonte. È l'edificio più alto di Torino (209 metri). È situato vicino al Lingotto e ospiterà tutti gli uffici amministrativi della Regione Piemonte.

Piedmont Region Headquarters. It is the tallest building in Turin (209 meters). It is located near the Lingotto and will host all the administrative offices of the Piedmont Region.

▲ Arco olimpico. Eretto nel 2006 in occasione delle Olimpiadi invernali. È alto circa 70 metri e collega l'ex villaggio olimpico con il Lingotto grazie ai suoi 400 metri di passerella.

Olympic arch. The arch was constructed in 2006 for the Winter Olympics. 70 metres tall, it connects the former Olympic Village with the Lingotto thanks to its 400-metre walkway.

Pam
Pam

◀ Lingotto. Progettato dall'ingegnere Trucco, nasce come complesso industriale multipiano per la Fiat con pista di collaudo per le autovetture sul tetto progettata nel 1919.

Lingotto Designed by Trucco, it was concieved as a multi-industrial complex for the Fiat, with the roof-top test track for cars designed in 1919.

P. 204/205

Lingotto. Rivisitato da Renzo Piano, è oggi un polo multifunzionale che ospita un centro commerciale, un cinema, uno spazio espositivo, un auditorium e una pinacoteca.

Lingotto Re-designed by Renzo Piano, it is now a multifunctional centre housing a shopping centre, a cinema, exhibition spaces and an auditorium.

◄ Particolare del Lingotto. L'eliporto e la "Bolla" vetrata progettata da Renzo Piano come sala panoramica per le riunioni.

Detail of Lingotto. The heliport and "Bubble" stained glass window designed by Renzo Piano as a panoramic room for meetings.

▲ Padiglione fieristico Lingotto. Con una superficie di oltre 70.000 metri quadrati, la fiera è organizzata in cinque padiglioni. Sullo sfondo, l'Oval Olympic Arena costruito nel 2006.

Lingotto Exhibition Center, has a surface area of over 70,000 square metres, organized in five halls. In the background, the Oval Olympic Arena built in 2006.

▲ Istituto di riposo per la vecchiaia detto "Poveri vecchi". Il complesso è oggi sede universitaria, di servizi sanitari e uffici.

Rest home for the poor and aged. The complex is now home to a university, health services and offices.

▶ Centro Sportivo Filadelfia, il campo di allenamento del Torino FC, può ospitare fino a 4.000 spettatori. Sorge sul sito dell'omonimo stadio, sede delle partite casalinghe sino al 1963.

Filadelfia Sports Centre, Torino FC's training ground, can accommodate up to 4,000 spectators. It is located on the site of the homonymous stadium, where home matches were played until 1963.

STADIO FILADELFIA

LINO SONEGO

◂ Stadio Olimpico Grande Torino. Costruito negli anni Trenta e ristrutturato nel 2005, ospitò i giochi olimpici del 2006.
Oggi è sede degli incontri casalinghi del Torino Calcio e di concerti.

Stadio Olimpico Grande Torino. Built in the thirties and renovated in 2005, it hosted the Olympic Games of 2006. Today it hosts the home matches of the Torino soccer team as well as concerts.

◂ Centro Traumatologico Ortopedico. Centro traumatologico d'eccellenza, alto 75 metri su 16 piani. Dal 2012 è parte della A.O.U. Città della Salute e della Scienza.

Centro Traumatologico Ortopedico (Orthopedic Trauma Centre). A centre of excellence for trauma, 75 metres high, with 16 floors. Since 2012, it has been part of the AOU Città della Salute e della Scienza (Health and Research Centre).

▸ Ponte Balbis. Il ponte, progettato da Giuseppe Pagano, fu inaugurato nel 1928. Realizzato in cemento armato a tre campate, è lungo 147 metri e largo 20 metri. Collega Piazza Muzio Scevola e Corso Bramante.

Ponte Balbis. The bridge, designed by Giuseppe Pagano, was opened in 1928. Made of reinforced concrete in three-spans, it is 147 metres long and 20 metres wide. It connects Piazza Muzio Scevola and Corso Bramante.

▲ Un battello disegna le acque del Po con la sua scia dorata, colorata dalla calda luce del pomeriggio.
A boat cuts though the waters of the Po, leaving a wake coloured gold by the warm light of the afternoon.

► Il Fiume Po attraversa la città da sud verso nord.
The Po River crosses the city from south to north.

P. 216/217

Palavela. Edificio multifunzionale che ospita eventi legati al pattinaggio su ghiaccio. Fu costruito negli anni Sessanta e rimaneggiato nel 2005.
Palavela. A multifunctional building, hosting events related to ice skating. It was built in the sixties and re-modelled in 2005.

◂ Museo dell'Automobile. Il museo, inaugurato negli anni Sessanta, è uno dei più importanti d'Europa. Ospita quasi 200 autovetture dall'Ottocento ai giorni nostri.

Museo dell'Automobile (The Car Museum). The museum, opened in the sixties, is one of the most important in Europe. It houses nearly 200 cars from the nineteenth century to the present day.

▴ Museo dell'Automobile. Veduta del retro.

Museo dell'Automobile (The Car Museum). View of the rear.

▲ Fontana dei 12 mesi. Costruita alla fine dell'Ottocento, è composta da un'ampia vasca ovale circondata dalle dodici statue femminili che simboleggiano i dodici mesi.

Fountain of the 12 Months. Built in the late nineteenth century, the fountain is a large oval tub surrounded by the twelve female statues symbolizing the twelve months.

▶ Torino esposizioni. Complesso fieristico. Fu progettato da Ettore Sottsass e Pier Luigi Nervi nella prima metà del Novecento. Oggi è la sede del Teatro Nuovo Torinese.

Turin exhibitions. The exhibition and fair complex. The complex was designed by Ettore Sottsass and Pier Luigi Nervi in the first half of the twentieth century. Nowadays is the seat of Teatro Nuovo Torinese.

TORINO ESPOSIZIONI

◄ Sacro Cuore di Maria. La chiesa ottocentesca fu opera di Carlo Ceppi. Venne distrutta dai bombardamenti della Seconda Guerra Mondiale e ricostruita negli anni Cinquanta.

Sacro Cuore di Maria [Sacred Heart of Mary]. The work of Carlo Ceppi, this nineteenth-century church was destroyed by bombing during World War II. It was rebuilt in the fifties.

▲ Palazzo Foresta. Recente costruzione residenziale di Luciano Pia impreziosita da trenta specie diverse di alberi, due corsi d'acqua e rampicanti da ogni lato.

Palazzo Foresta. A newly built residential Luciano Pia embellished with thirty different species of trees, two rivers and climbing plants.

◄ Borgo medioevale. Percorso museale circondato da mura merlate, dedicato al tardo Medioevo. Inaugurato alla fine dell'Ottocento, sorge all'interno del Parco Valentino lungo la riva del Po. Raccoglie case, chiese, piazze, fontane, botteghe artigianali e la Rocca, castello di ispirazione quattrocentesca.

Medieval village. Museum tour around the crenellated walls, and dedicated to the late medieval. Opened at the end of the nineteenth century, it is located inside the Parco Valentino along the banks of the Po. The tour passes houses, churches, squares, fountains, workshops and la Rocca, the castle built in the style of the fifteenth century.

◂ Particolare della Rocca di Borgo medioevale. È il fulcro del borgo. Costruito per l'esposizione universale del 1884, è oggi un percorso museale.

Detail of the Rocca in the medieval village. It forms the heart of the village. Built for the World Exhibition of 1884, it is now a museum.

▴ Borgo medioevale. Il giardino. Riproduzione di un giardino medioevale costruito negli anni Novanta. Si articola in tre porzioni: il Giardino delle Delizie, il Giardino dei Semplici e l'Orto.

Medieval village. The garden. The garden was planted in medieval style during the nineties. There are three parts: the Garden of Delights, the Simple Garden and the Vegetable Garden.

◄ Palazzo Valentino. Imponente residenza fluviale di ispirazione francese che si affaccia sul Po. Fu costruita nel Cinquecento; deve l'aspetto attuale agli interventi subiti nel Seicento.

Palazzo Valentino. An imposing riverside residence of French inspiration overlooking the Po. Built in the sixteenth century, its current appearance is the result of 'improvements' made in the seventeenth century.

▲ Palazzo Valentino. Suggestiva veduta notturna della residenza che sorge sull'omonimo Parco.

Palazzo Valentino. Striking night view of the residence above the Park.

▸ Palazzo Valentino. La struttura ha pianta a ferro di cavallo con quattro torri angolari. La facciata principale si ispira ai castelli francesi del Seicento, mentre quella verso il fiume è realizzata in cotto.

Palazzo Valentino. This palace is built in horseshoe form with four corner towers. The main facade is inspired by French castles of the seventeenth century, while that to the river is made of terracotta.

▲ Arco Monumentale all'Arma di Artiglieria. L'arco trionfale, situato nei pressi del Parco del Valentino, è un progetto di Pietro Canonica, realizzato nel 1930.

Monumental Arch to the Artillery. The Triumphal Arch, erected in 1930 near the Valentino Park, is a project of Pietro Canonica.

▶ Parco del Valentino. Costruito alla fine dell'Ottocento, ospita il Castello del Valentino, la Fontana dei 12 mesi, il Borgo medioevale, l'Arco del Valentino, numerose statue e aiuole floreali.

Valentino Park. Designed in the late nineteenth century, the park is home to Valentino castle, the Fountain of the 12 Months, the medieval village, the Arch of Valentino, and numerous statues and floral displays.

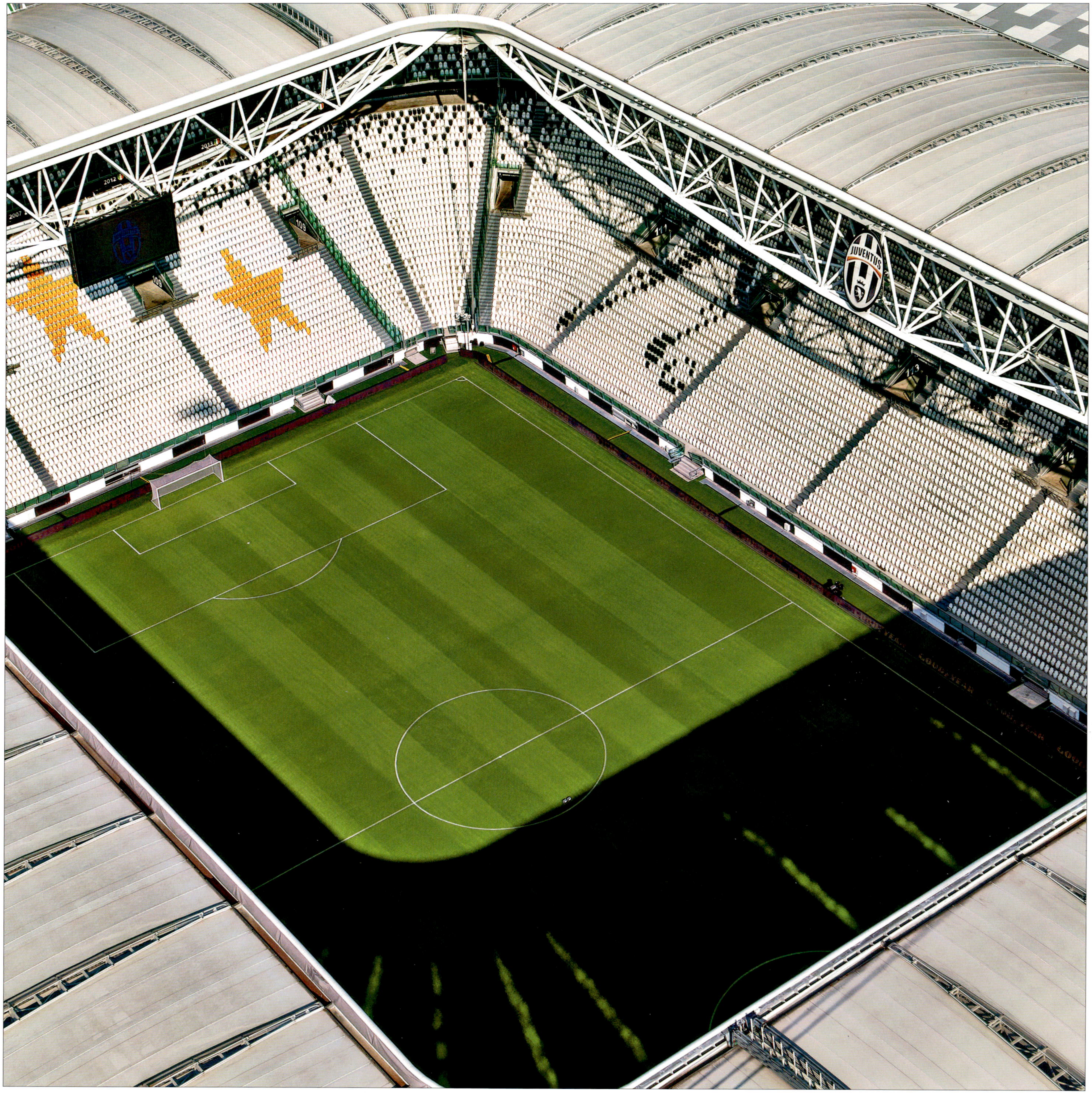

▲ Particolare dello Juventus Stadium. Il campo misura 105 per 68 metri e rientra nella categoria 4 UEFA.
Detail of the Juventus Stadium. The field measures 105 by 68 metres and is a class 4 UEFA stadium.

▶ Juventus Stadium. Veduta d'insieme dell'impianto calcistico inaugurato nel 2011.
Juventus Stadium. Overall view of the playing area. Inaugurated in 2011.

P. 236/237

Juventus Stadium. Veduta d'insieme. Lo stadio sorge in luogo dell'ex Stadio delle Alpi. È la struttura calcistica più moderna d'Italia, e si ispira ai grandi stadi inglesi.
Juventus Stadium. Overview. The stadium was built over the Stadio delle Alpi. It is the most modern soccer stadium in Italy, and was inspired by the great English stadiums.

JUVENTUS Football

GOODYEAR
Club

TURIN AIRPORT
Lufthansa

◂ Aeroporto di Caselle. Veduta notturna. Scalo aereo internazionale dedicato a Sandro Pertini. Fu inaugurato ufficialmente nel 1953.
Oggi collega Torino con le principali località italiane ed europee. È stato profondamente ristrutturato in occasione delle Olimpiadi del 2006.

Caselle airport. Night view. International airport dedicated to Sandro Pertini. Officially opened in 1953, it today connects Turin with the main Italian and European cities. It was radically redesigned for the 2006 Olympics.